青|少|年|美|绘|版|经|典|名|著
QINGSHAONIAN MEIHUIBAN JINGDIAN MINGZH
【经典收藏】

(清)曾国藩 著

崔钟雷 编译

ZENGGUOFAN DE ZHIHUI | 曾国藩的智慧

浙江人民出版社
ZHEJIANG PEOPLE'S PUBLISHING HOUSE

从诸子蜂起、处士横议的百家争鸣,到大师辈出、人文昌盛的文艺复兴,从闪耀着智性之光的启蒙书籍,到弥漫着天真之趣的童话寓言,几千年来,中外文坛一直人才辈出,灿若星辰,佳作更是斗量车载,形形色色。面对如此浩繁的作品,为了让青少年朋友品读到纯正的文化典籍,畅游于古今之间,我们精心编排了本套经典名著丛书。

本套"青少年美绘版经典名著书库"撷取世界文学中的精华,涉及中外名家经典小说、诗歌、杂文、散文等作品,让你充分领略大师的文学风采;甄选中华国学读物《孙子兵法》《古文观止》《诗经》等,让你从博大精深的中国传统文化中汲取营养;品鉴外国文学名著《小王子》《少年维特之烦恼》等,让你和高尚的人谈话,树立坚定的信念;阅读传记、散文《名人故事》《朱自清散文集》等,让你窥见历史的缩影,沐浴睿智的人文光芒……

本套丛书的编排方式以体裁为纲,选取集知识性、趣味性、教育性于一体的经典名著,更有大量与作品内容相得益彰的精美绘图,达成文本阅读与艺术欣赏的相互促进,从而使青少年能够保持一种活泼的读书状态,让他们真正能够走进文学殿堂,获得文学的滋养,领略文学之美。如果这一增长见识、愉悦身心的精神盛宴能够得到青少年朋友的喜爱,那将是我们最大的幸福和希冀。

ZENGGUOFAN
DE ZHIHUI

曾国藩
的智慧

目 录 CONTENTS
MULU

「劝学篇」
quan xuepian

「修身篇」
xiu shenpian

交友篇
jiao youpian

为政篇
wei zhengpian

「用人篇」
yong renpian

劝学篇

名师导读

在中国传统的伦理道德中,长兄肩负着教育、培养弟妹的重大责任,故自古以来就有"长兄如父"之说。曾国藩在与四个弟弟大量的书信往来中所流露出来的关爱之情,恰好就是传统的家庭伦理的完美典范。

曾国藩有四个弟弟,依照祖父辈的辈分排序,分别是四弟曾国潢(字澄侯)、六弟曾国华(字温甫)、九弟曾国荃(字沅甫)、季弟曾国葆(字贞干)。

本篇所选书信均为曾氏教育诸弟为学的书信。曾氏抱着对家族的极大责任心和对诸子弟的殷殷期待,以书信为媒介,将自己求学的所感所悟毫无保留地传授给他们。元人元好问说:"鸳鸯绣取从君看,不把金针度与人。"而曾氏就是把"金针"度与子弟,着重给子弟指引读书门径,传授治学方法,培养他们独立学习的能力。我们在阅读这些书信的同时,可以把曾氏对于子弟的训诫作为模范,认真体会,并且依照这把"金针"去实行。

致诸弟·述求学之方法

原文

四位老弟足下:

名师按语

①悬悬：挂念。

九弟行程，计此时可以到家。自任邱发信之后，至今未接到第二封信，不胜①悬悬，不知道上有甚艰险否？四弟、六弟院试，计此时应有信，而折差久不见来，实深悬望。

予身体较九弟在京时一样，总以耳鸣为苦。问之吴竹如，云只有静养一法，非药物所能为力。而应酬日繁，予又素性浮躁，何能着实静养？拟搬进内城住，可省一半无谓之往还，现在尚未找得。

②刚日：即单日。古时以干支纪日，甲、丙、戊、庚、壬五日居奇数位属阳刚，故称；柔日：即双日或偶日。凡天干值乙、丁、己、辛、癸的日子居偶数位属阴柔，称为柔日。

予时时自悔，终未能洗涤自新。九弟归去之后，予定②刚日读经柔日读史之法。读经常懒散不沉着。读《后汉书》现已丹笔点过八本，虽全不记忆，而较之去年读《前汉书》领会较深。九月十一日起，同课人议每课一文一诗，即于本日申刻用白折写。③予文诗极为同课人所赞赏，然予于八股绝无实学，虽感诸君奖借之殷，实则自愧愈深也。待下次折差来，可付课文数篇回家。予居家懒做考差工夫，即借此以磨砺考具，或亦不至临场窘迫耳。

③八股试帖等闱墨文字与真正的学问并无多大关联，曾氏不善此学，专心于诗文，才是真正的学问之道。

吴竹如近日往来极密，来则作竟日之谈，所言皆身心国家大道理。渠言有窦兰泉者，云南人，见道极精当平实，窦亦深知予者，彼此现尚未拜往。竹如必要予搬进城住，盖城内镜海先生可以师事，倭艮（gèn）峰先生、窦兰泉可以友事。师友夹持，虽懦夫亦有立志。④予思朱子言为学譬如熬肉，先须用猛火煮，然后用漫火温，予生平工夫全未用猛火煮过，虽略有见识，乃是从悟境得来，偶用功亦不过优游玩索已耳，如未沸之汤，遽用慢火温之，将愈煮愈不熟矣。以是急思搬进城内，屏除一切，从事于克己之学。镜海、艮峰两先生，亦劝我急搬。

④读书要先了解概貌，然后再对其中的章章节节乃至字字句句细细斟酌，探求书中深意。

而城外朋友，予亦有思常见者数人，如邵蕙西、

曾国藩的智慧

吴子序、何子贞、陈岱（dài）云是也。蕙西常言:与周公谨交,如饮⑤醇（chún）醪（láo）,我两个颇有此风味,故每见辄长谈不舍。子序之为人,予至今不能定其品,然识见最大且精,尝教我云:用功譬若掘井,与其多掘数井而皆不及泉,何若老守一井,力求及泉而用之不竭乎? 此语正与予病相合,盖予所谓掘井多而皆不及泉者也。

何子贞与予讲字极相合,谓我真知大源,断不可暴弃。予尝谓天下万事万理皆出于乾坤二卦,即以作字论之:纯以神行,大气鼓荡,脉络周通,潜心内转,此乾道也;结构精巧,向背有法,修短合度,此坤道也。凡乾以神气言,凡坤以形质言,礼乐不可⑥斯须去身,即此道也。乐本于乾,礼本于坤,作字而优游自得真力弥满者,即乐之意也;丝丝入扣转折合法者,即礼之意也。偶与子贞言及此,子贞深以为然,谓渠生平得力尽于此矣。陈岱云与吾处处痛痒相关,此九弟所知者也。

写至此,接得家书,知四弟六弟未得入学,怅怅然。科名有无迟早,总由前定,丝毫不能勉强。吾辈读书,只有两事:一者进德之事,讲求乎⑦诚正修齐之道,以图无忝所生;一者修业之事,操习乎记诵词章之术,以图自卫其身。进德之身,难于尽言,至于修业以卫身,吾请言之。

卫身莫大如谋食。农工商,劳力以求食者也;士,劳心以求食者也。故或食禄于朝,或教授于乡,或为⑧传食之客,或为入幕之宾,皆须计其所业,足以得食而无愧。科名者,食禄之阶也,亦须计吾所业,将来不至尸位素餐,而后得科名而无愧。食之得不得,穷通由天作主,予夺由人作主,业之精不精由我作主,然吾未见业果精

名师按语

⑤醇醪:醇香可口的酒酿。

⑥斯须:些许时间。

⑦诚正修齐:诚意、正心、修身、齐家。

⑧传食之客:指名士官宦所养的食客;入幕之宾:指居高官显爵之位者的幕僚宾客。

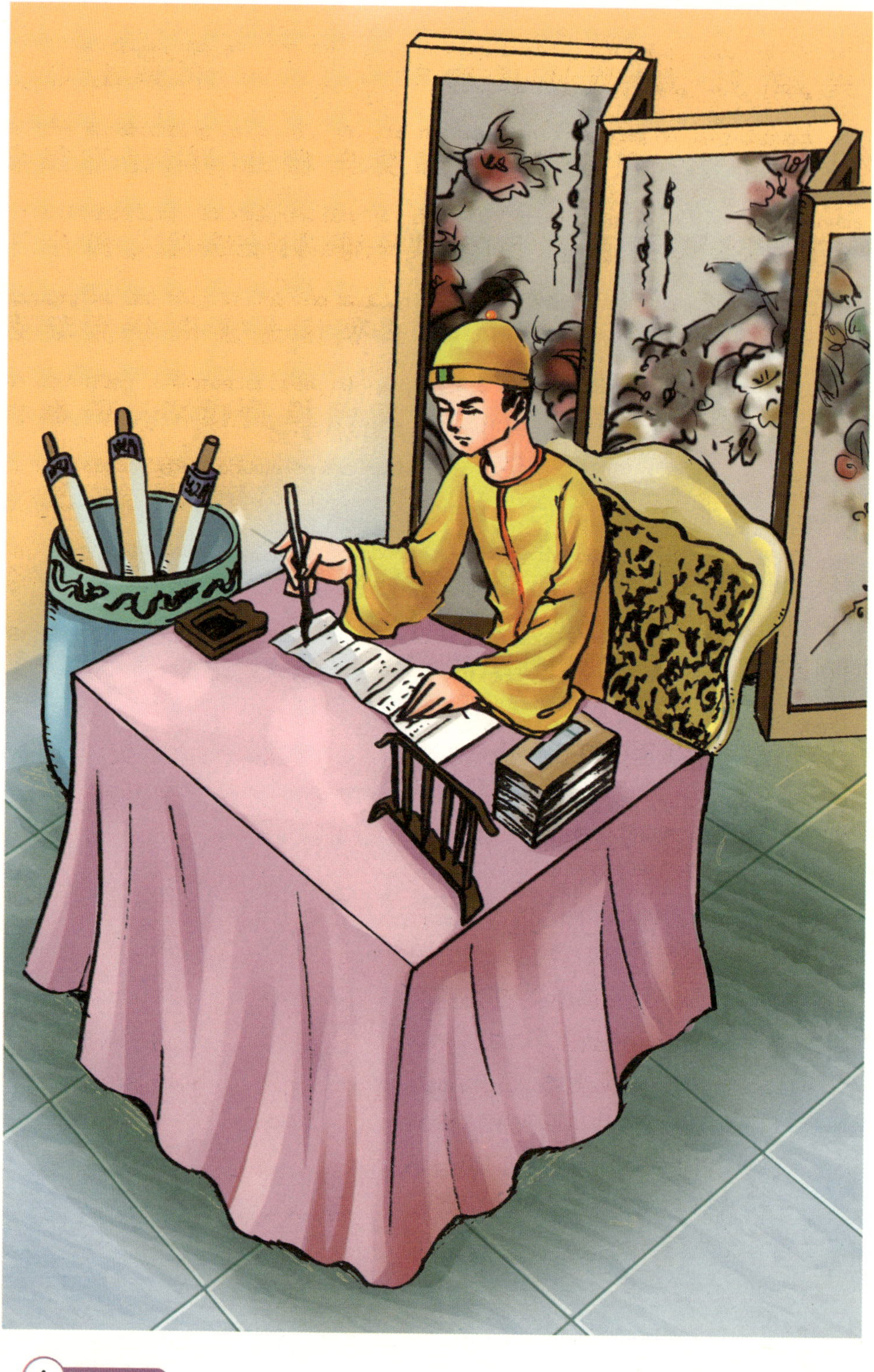

而终不得食者也。农果力耕,虽有饥馑必有丰年;商果积货,虽有雍滞必有通时;士果能精其业,安见其终不得科名哉?即终不得科名,又岂无他途可以求食者哉?然则特患业之不精耳。

求业之精,别无他法,曰专而已矣。谚曰:"艺多不养身",谓不专也。吾掘井多而无泉可饮,不专之咎也。诸弟总须力图专业,如九弟志在习字,亦不必尽废他业,但每日习字工夫,断不可不提起精神,随时随事,皆可触悟。四弟六弟,吾不知其心有专嗜否?若志在穷经,则须专守一经,志在作⑨制义,则须专看一家文稿,志在作古文,则须专看一家文集;作各体诗亦然;作试帖亦然;万不可以兼营并骛,兼营则必一无所能矣,切嘱切嘱!千万千万!

⑨制义:为应付科举考试而作的八股文章。

此后写信来,诸弟各有专守之业,务须写明,且须详问极言,长篇累牍,使我读其手书,即可知其志向识见。凡专一业之人,必有心得,亦必有疑义。诸弟有心得,可以告我共赏之;有疑义,可以告我共析之。且书信既详,则四千里外之兄弟,⑩不啻(chì)晤言一室,乐何如乎?

⑩不啻:不异于。

予生平伦常中,惟兄弟一伦抱愧尤深。盖父亲以其所知者尽以教我,而我不能以吾所知者尽教诸弟,是不孝之大者也。九弟在京年余,进益无多,每一念及,无地自容。嗣后我写诸弟信,总用此格纸,弟宜存留,每年装订成册。其中好处,万不可忽略看过。诸弟写信寄我,亦须用一色格纸,以便装订。

兄国藩手具。
道光二十二年九月十八日

译文

四位老弟足下：

预计九弟的行程，现在可以到家了。自从在任邱发信之后，至今没有接到第二封信，不胜悬念之至！不知道路上有什么艰难险阻吗？四弟和六弟院试，估计现在应该有结果了，而信差许久也不见来，实在叫人悬望！

我的身体和九弟在京时一样，总以耳鸣为苦。问了吴竹如，他说："只有静养一种办法，不是药物所能治愈的。"而应酬一天天繁多，我又向来性子浮躁，哪里能实实在在地静养？我准备搬到内城住，可以省去一半往返路程，现在还没有找到房子。

我时刻悔恨，终没有能够洗涤自新。九弟回去以后，我决定逢单日读经，逢双日读史。读经常常是懒散不沉着，读《后汉书》已用朱笔点过八本，虽说都不记得，但比去年读《前汉书》领会要深刻些。九月十一日起，一同研习功课的人商议每次作一文一诗，就在当天申刻用白折写好。我的诗文都为大家所赞赏，但是我在八股文方面没有什么才能，感谢各位先生的好意，实在是惭愧之至。等到下次信差来的时候，可以在信中附几篇文章回家。我懒于在家为考核在职官员做准备，就借此机会练习一下，大概在考试时不至于窘迫吧。

吴竹如近日往来很密切，每次来了便要长谈，所说的都是关于身心、国家的大事。他说有个叫窦兰泉的，云南人，悟道非常精到平实，窦对我也很了解，虽然彼此之间还没有拜访过。竹如一定要我搬进城里住，因为城里的镜海先生可以为师，倭艮峰先生和窦兰泉先生可以为友。师友夹待，就是一个懦夫也要立志。我想朱子说过："做学问好比熬肉，先要用猛火煮，然后用慢火温。"我生平的工夫，全没用猛火煮过，虽然有些见识，都是悟得的，偶尔用功也不过闲适地体味罢了。好比没有煮熟的汤，马上用慢火温，越温越不热。因此，急于想搬进城里去，排除一切杂念，从事于"克己复礼"的学问。镜海、艮峰两先生，也劝我快搬。

城外的朋友，也有想常常见面的几个人，如邵蕙西、吴子序、何子贞、陈岱云。蕙西常说与周公谨交，如喝醇酒，我们两人有这种感觉，所以每次见面就长谈，舍不得分手。子序的为人，我至今不能确定他的品行，但他的见识却是博大精深的。他曾对我说："用功好比挖井，与其挖好几口井而看不见泉水，不如专挖一口井，一定要挖到看见泉水，那就取之不尽，用之不竭了。"这几句话正切合我的毛病，因为我就是一个挖井而不见泉水的人。

何子贞与我讨论书法非常相合，说我真的懂得书法的诀窍，绝不可自暴自弃。我常常说天下万事万理，都出于乾坤二字，就以书法来说，纯粹用神韵去写，周身大气激荡，脉络周通，潜心内转，这就是乾的道理。结构精巧，向背有法，修短合度，这就是坤的道理。乾，从神韵而言；坤，从形体而论。礼乐不可一刻离身，也是这道理。乐，本于乾；礼，本于坤。写字而优游自得，真力弥满，就是乐的意味了。丝丝入扣，转折合法，就是礼的意味了。偶尔与子贞谈到这些，子贞觉得很对，说他生平得力，全在这些了。陈岱云与我处处痛痒相关，这是九弟知道的。

写到这里，接到家信，知道四弟六弟没有入学，很遗憾！但是科名的有和没有，早或迟，总是生前注定的，一点不能勉强。我们读书，只有两件事：一是进德，讲求诚正修齐的道理，以做到不负一生；一是修业，操习记诵词章的技巧，以做到自立保身。进德的事，难以尽言。至于修业保身，我来说一说。

保身没有比谋生更大的事了。农、工、商劳力，是谋生；士人劳心，也是谋生。所以说，或者在朝廷当官拿俸禄，或者在家乡教书以糊口，或者做传达的事当食客，或者在人家的府幕做宾客，都是用自己所修的业，达到谋生无愧于心的满足。科名，是当官拿俸禄的阶梯，也要衡量自己学业如何，将来不至于居其位而不谋其事，得了科名心里不感惭愧。谋生谋得谋不得，归根结底由天做主，予夺由人做主，业精不精全由自己做主。然而我没有见过业精而始终无法谋生的人。农夫如果努力耕种，虽然仍会有饥荒的时候，但一定有丰收的岁月。商人如果积藏了货物，虽然会有积压，但一定会有畅销的时候。读书人如果能精学业，那如何见得始终不会有科名呢？即使最终得不到科名，又哪里没有其他的途径可以谋生呢？虽然如此，只怕业不精了。

求业要精，没有别的办法，说的是专一问题而已。谚语说"技艺多了不能够养身"，说的就是不专一。我挖井多而没有泉水可饮，是不专的过错。各位弟弟要力求专精，倘若九弟志在书法，也不必完全废弃其他，但每天写字的工夫，决不可不提起精神，随时随便什么事，都可以触动灵感。四弟六弟，我不知道他们有没有专门的爱好？如果志向在研习经典，那么应该专门研究一种经典。如果志向在八股文，那么应该专门研究一家的文章。如果志向在作古文，那么应该专门看一家的文集。作各种体裁的诗也一样，作试帖也一样，万万不可以兼营并骛，样样去学一定一无所长。切记！切记！

以后写信来，各位弟弟专攻的学业，务必写明，并且要详细提出问题，详述自己的心得，长篇累牍地写来，使我读了之后，就可以知道你们的志趣和见识。大凡修业专一的人，一定会有心得，也一定有疑问。弟弟们有心得，告诉我可以一起分享；有疑问，告诉我可以一起分析。并且写得越详细越好，那么四千里外的兄弟，好像在一间房里见面，那是何等快乐的事啊！

我生平在伦常之中，只有兄弟这一伦，愧疚太深。因为父亲把他所知道的都教给了我，而我不能把我所知道的，全部教给弟弟们，真是大不孝！九弟在京城一年多，进步不多，每每想起，我便无地自容。以后我给弟弟写信，总用这种格子纸，弟弟们要留着，每年订成一册，其中的好处，万不可以随便轻视。弟弟们写信寄我，也要用一色格子纸，以便装订。

兄国藩手具。

道光二十二年九月十八日

致诸弟·勉励自立课程

名师按语

原文

①晏：迟、晚。
②姑：此处指丈夫的母亲。

诸位贤弟足下：

四妹小产，以后生育颇难。然此事最大，断不可以人力勉强。劝渠家只须听其自然，不可过于矜持。又闻四妹起最①晏（yàn），往往其②姑反服侍他，此反常之事，最足折福，天下未有不孝之妇而可得好处者。诸弟必须时劝导之，晓之以大义。

诸弟在家读书，不审每日如何用功？余自十月初一立志自新以来，虽懒惰如故，而每日楷书写日记，每日读

曾国藩的智慧

史十页,每日记《茶余偶谈》一则,此三事未尝一日间断。十月二十一日立誓永戒吃水烟,③洎今已两月不吃烟,已习惯成自然矣。予自立课程甚多,惟记《茶余偶谈》、读史十页、写日记楷本,此三事者誓终身不间断也。诸弟每日自立课程,必须有日日不断之功,虽行船走路,俱须带在身边。予除此三事外,他课程不必能有成,而此三事者,将终身以之。

前立志作《曾氏家训》一部,曾与九弟详细道及。后因采择经史,若非经史烂熟胸中,则割裂零碎,毫无线索;至于采择诸子各家之言,尤为浩繁,虽抄数百卷犹不能尽收。然后知古人作《大学衍义》《衍义补》诸书,乃胸中自有条例自有议论,而随便引书以证明之,非翻书而遍抄之也,然后知著书之难。故暂且不作《曾氏家训》,若将来胸中道理愈多,议论愈贯串,仍当为之。

现在朋友愈多。讲躬行心得者,则有镜海先生、艮峰前辈、吴竹如、窦兰泉、冯树堂;穷经知道者,则有吴子序、邵慧西;讲诗、文、字而艺通于道者,则有何子贞;才气奔放,则有汤海秋;英气逼人,志大神静,则有黄子寿;又有王少鹤、朱廉甫、吴莘畬(shē)、庞作人。此四君者,皆闻予名而先来拜,虽所造有浅深,要皆有志之士,不甘居于庸碌者也。

京师为人文④渊薮,不求则无之,愈求则愈出。近来闻好友甚多,予不欲先去拜别人,恐徒标榜虚声。盖求友以匡己之不逮,此大益也;标榜以盗虚名,是大损也。天下有益之事,即有足损者寓乎其中,不可不辨。

⑤黄子寿近作《选将论》一篇,共六千余字,真奇才也。子寿戊戌年始作破题,而六年之中遂成大学问,此天分独绝,万不可学而至,诸弟不必震而惊之。予不愿

名师按语

③洎:到、至。

④渊薮:人或事物聚集的地方。

⑤曾氏推崇"拙诚",主张踏踏实实,下苦功,一步一个脚印。

名师按语

诸弟学他，但愿诸弟学吴世兄、何世兄。吴竹如之世兄现亦学艮峰先生写日记，言有矩，动有法，其静气实实可爱。何子贞之世兄，每日自朝至夕总是温书，三百六十日，除作诗文时，无一刻不温书，真可谓有恒者矣。故予从前限功课教诸弟，近来写信寄弟，从不另开课程，但教诸弟有恒而已。

盖士人读书，第一要有志，第二要有识，第三要有恒。有志则断不甘为下流；有识则知学问无尽，不敢以一得自足，如河伯之观海，如井蛙之窥天，皆无识者也；有恒则断无不成之事：此三者缺一不可。诸弟此时，惟有识不可以⑥骤几，至于有志有恒，则诸弟勉之而已。予身体甚弱，不能苦思，苦思则头晕，不耐久坐，久坐则倦乏，时时属望，惟诸弟而已。

⑥骤几：突然接近。

道光二十二年十二月二十日

附课程表

一、主敬——整齐严肃、无时不俱。无事时心在腔子里，应事时专一不杂。

二、静坐——每日不拘何时，静坐一会，体验静极生阳来复之仁心。⑦正位凝命，如鼎之镇。

⑦此句意为宁心静气，内心踏实安稳，如鼎镇住一般。

三、早起——黎明即起，醒后勿沾恋。

四、读书不二——一书未点完，断不看他书；东翻西阅，都是徇外为人。

五、读史——二十三史每日读十页，虽有事不间断。

六、写日记——须端楷，凡日间过恶，身过、心过、口过皆记出，终身不间断。

⑧亡：无。

七、日知其所⑧亡——每日记《茶余偶谈》一则，分

曾国藩的智慧

德行门、学问门、经济门、艺术门。

八、月无忘所能——每月作诗文数首,以验积理之多寡,养气之盛否。

九、谨言——刻刻留心。

十、养气——无不可对人言之事。气藏丹田。

十一、保身——谨遵大人手谕,节欲、节劳、节饮食。

十二、作字——早饭后作字,凡笔墨应酬,当作自己功课。

十三、夜不出门——旷功疲神,切戒切戒。

译文

诸位贤弟足下:

四妹小产,以后生育很难,然而这件事虽然重要,也绝不可以人力去勉强,要劝她家听其自然,不可过于固执。又听说四妹起床最迟,往往是她的婆婆服侍她,这是反常的事情,最容易折去福泽。天下没有不孝的媳妇却可以得到好处的。弟弟们要时时劝导她,晓之以大义。

弟弟们在家读书,不知道每天是如何用功的? 我自十月初一日立志自新以来,虽仍如往日懒惰,而每天用楷书写日记,读史书十页,记《茶余偶谈》一则,这三件事没有间断过一日。十月二十一日,发誓永远戒掉水烟,至今已经两个月不吸水烟,习惯成自然了。我自己设的课程很多,只是记《茶余偶谈》、读史十页、用楷书写日记这三件事发誓终身不间断。弟弟们每天自己设立课程,必须天天不间断,就是行船走路,也要带在身边。我除了这三件事以外,其他课程不一定求其有成,而这三件,将终身实行。

以前我立志作《曾氏家训》一部,曾经与九弟详细说过,后来因为采择经史才发现,如果不是经史烂熟胸中,那么便会割裂零碎,毫无线索;至于采择诸子各家的言论,工作尤其浩繁,虽然抄几百卷,还是不能完全收尽。然后才知道古人作《大学衍义》《衍义补》这些书,胸中自有条例,自有议论,而随意引证,并不是翻书遍抄而成的,然后才知道著书的艰难。所以暂时不作《曾氏家训》,如果将来胸中道理多了,议论贯通了,仍旧可以去作。

现在朋友很多,讲求躬行心得的,有镜海先生、艮峰前辈、吴竹如、窦兰泉、冯树堂;穷经悟道的,有吴子序、邵慧西;讲诗、文、字而技艺贯通古人之"道"的,有何子贞;才气奔放,有汤海秋;英气逼人、志大神静的,有黄子寿;又有王少鹤、朱廉甫、吴莘畬、庞作人。这四位先生慕名而来,虽说他们的学问有深浅,却都是有志之士,不甘于庸碌的人物。

京城是人文荟萃之地,不去探求便没有,越去探求就越多。近来听说可结交的朋友很多,我不想先去拜访别人,恐怕徒然标榜虚名。求友用以匡正自己的不足之处,是大有益处的。而借此标榜图以虚名,是会受大损失的。天下有获益的事,便有不益的事包含其中,不可不加以辨别。

黄子寿近作《选将论》一篇,共六千多字,真是奇才。黄子寿戊戌开始作破题,而六年之中,便成就了大学问,这种天分独一无二,万万不是学得到的,弟弟们不必震惊。我不愿弟弟们学他,但愿弟弟们学吴世兄、何世兄。吴竹如世兄,现在也学艮峰先生记日记。言论有规矩,行为有法则,他的静气功夫实在可爱。何子贞世兄,每天从早到晚,总是温书。三百六十天,除了作诗文外,无一刻不是温书,真是有恒心的人。我从前限定你们的功课,近来写信从不另开课程,都是要你们有恒罢了。

士人读书,第一要有志气,第二要有见识,第三要有恒心。有志气就决不甘居下游;有见识就明白学无止境,不敢以一得自满自足,如河伯观海、井蛙窥天,都是无知;有恒心就决没有不成功的事。这三个方面,缺一不可。弟弟们现在的境况,只是广博的见识不能唾手可得,至于有志有恒,弟弟们勉励吧!我身体很弱,不能苦想,苦想便头昏;不能久坐,久坐便倦乏,时刻所期望的,只有几位弟弟罢了。

道光二十二年十二月二十日

附课程表

一、主敬——整齐严肃,无论何时都不胆怯。没有事情的时候安心养神,有事时便专心致志,心无杂念。

二、静坐——每天不管何时,静坐一会儿,体会极静时刚正仁义之心回复的情态。内心踏实安稳,如鼎镇住一般。

三、早起——天亮就起床,醒了之后绝不赖床。

四、读书不二——一本书没有点读完毕,一定不要看其他的书;随手东翻西

阅,说明你是被外界所左右的人。

五、读史——二十三史每天读十页,即使事务繁忙,也不间断。

六、写日记——每天必须用楷体写日记,每天记自己行为不端之处,言语过失之处,终身不间断。

七、日知其所亡——每天记《茶余偶谈》一则,分德行、学问、经济、艺术等几类。

八、月无忘所能——每月作几首诗文,以检查自己积累的多少,精力是否盛足。

九、谨言——说话时时刻刻都要小心留意。

十、养气——心胸坦荡,没有不能向人说的事。气蕴丹田。

十一、保身——一定遵守大人的手谕,做到节欲、节劳、节饮食。

十二、作字——早饭后练书法,凡是笔墨应酬都当作自己的功课。

十三、夜不出门——夜不出门,以免耗费心神,切记切戒。

致诸弟·讲读经史方法

名师按语

原文

诸位老弟足下:

正月十五日接到四弟、六弟、九弟十二月初五日所发家信,四弟之信三页,语语平实,责我待人不恕,甚为切当。谓"月月书信,徒以空言责弟辈,却又不能实有好消息,令堂上阅兄之书,疑弟辈粗俗庸碌,使弟辈无地可容"云云,此数语,兄读之不觉汗下。我去年曾与九弟闲谈云:"为人子者,若使父母见得我好些,谓诸兄弟俱不及我,这便是不孝;若使族党称道我好些,谓诸兄弟俱不如我,这便是不①悌(tì)。何也? 盖使父母心中有

①悌:儒家有关兄弟伦常的道德规范。

曾国藩的智慧

贤愚之分,使②族党口中有贤愚之分,则必其平日有讨好意思,暗用机计,使其自己得好名声,而使其兄弟得坏名声,必其后日之嫌隙由此而生也。刘大爷、刘三爷兄弟皆想做好人,卒至视如仇雠(chóu),因刘三爷得好名声于父母族党之间,而刘大爷得坏名声故也。"今四弟之所责我者,正是此道理,我所以读之汗下。但愿兄弟五人,各个明白这道理,彼此互相原谅,兄以弟得坏名为忧,弟以兄得好名为快。兄不能使弟尽道得令名,是兄之罪;弟不能使兄尽道得令名,是弟之罪。若各个如此存心,则亿万年无纤芥之嫌矣。

至于家塾读书之说,我亦知其甚难,曾与九弟面谈及数十次矣。但四弟前次来书,言欲找馆出外教书,兄意教馆之荒功误事,较之家塾为尤甚,与其出而教馆,不如静坐家塾。若云一出家塾便有明师益友,则我境之所谓明师益友者,我皆知之,且已宿夜熟筹之矣,惟汪觉庵师及欧阳沧溟先生,是兄意中所信为可师者。然衡阳风俗,只有冬学要紧,自五月以后,师弟皆奉行故事而已。同学之人,类皆庸鄙无志者,又最好训笑人。其笑法不一,总之不离乎轻薄而已。四弟若到衡阳去,必以翰林之弟相笑,薄俗可恶。乡间无朋友,实是第一恨事,不惟无益,且大有损,习俗染人,所谓与鲍鱼处亦与之俱化也。兄尝与九弟道及,谓衡阳不可以读书,涟滨不可以读书,为损友太多故也。

今四弟意必从觉庵师游,则千万听兄嘱咐,但取明师之益,无受损友之损也。接到此信,立即率厚二到觉庵师处受业。其③束脩,今年谨具钱十挂,兄于八月准付回,不至累及家中,非不欲从丰,实不能耳。兄所最虑者,同学之人无志嬉游,端节以后放散不事事,恐弟与

名师按语

②族党:家族、乡党。

③束脩:古代儿童入学必用束脩作为拜师的礼物。此处指老师的酬金。

MEIHUIBAN 15

名师按语

④排奡：矫健。
⑤拗很：曲折倔强。

⑥暗然尚䌹：这里指糊涂地崇尚禅法。䌹，罩在外面的单衣服，也指禅衣。

⑦曾氏讲读经史，强调读经要参透其中的道理，读史要贯通史实。

厚二效尤耳，切戒切戒。凡从师必久而后可以获益。四弟与季弟今年从觉庵师，若地方相安，则明年仍可以游；若一年换一处，是即无恒者见异思迁也，欲求长进难矣。

六弟之信，乃一篇绝妙古文，④排奡似昌黎，⑤拗很似半山。予论古文，总须有倔强不驯之气，愈拗愈深之意，故于太史公外，独取昌黎、半山两家。论诗亦取傲兀不群者，论字亦然。每蓄此意而不轻谈，近得何子贞意见极相合，偶谈一二句，两人相视而笑。不知六弟乃生成有此一支妙笔！往时见弟文，亦无大奇特者；今观此信，然后知吾弟真不羁才也。欢喜无极，欢喜无极！凡兄所有志而力不能为者，吾弟皆为之矣。

信中言兄与诸君子讲学，恐其渐成朋党，所见甚是。然弟尽可放心，兄最怕标榜，常存⑥暗然尚䌹之意，断不至有所谓门户自表者也。信中言四弟浮躁不虚心，亦切中四弟之病，四弟当视为良友药石之言。

信中又言弟之牢骚，非小人之热中，乃志士之惜阴。读至此，不胜憪然，恨不得生两翅忽飞到家，将老弟劝慰一番，纵谈数日乃快。然向使诸弟已入学，则谣言必谓学院做情，众口铄金，何从辨起？所谓"塞翁失马安知非福"，科名迟早实有前定，虽惜阴念切，正不必以虚名萦怀耳。

来信言《〈礼记〉疏》一本半，浩浩茫茫，苦无所得，今已尽弃，不敢复阅，现读《朱子纲目》，日十余页云云；说到此处，不胜悔恨！恨早岁不曾用功，如今虽欲教弟，譬盲者而欲导人之迷途也，求其不误难矣，然兄最好苦思，又得诸益友相质证，于读书之道，有必不可易者数端：⑦穷经必专一经，不可泛骛。读经以研寻义理为本，考据物为末,读经有一耐字诀:一句不通,不看下句;今日不通,明日再读;今年不通,明年再读;此所谓耐也。读史之法,莫妙于设身处地,每看一处,如我便与当时之人酬酢笑语于其间。不必人人皆能记也,但记一人,则恍如接其人;不必事事皆能记也,但记一事,则恍如亲其事。经以穷理,史以考事,舍此二者,更别无学矣。

盖自西汉以至于今,识字之儒,约有三途:曰**⑧义理之学**,曰考据之学,曰词章之学,各执一途,互相诋毁。兄之私意,以为义理之学最大,义理明则躬行有要而经济有本。词章之学,亦所以发挥义理者也。考据之学,吾无取焉矣。此三途者,皆从事经史,各有门径。吾以为欲读经史,但当研究义理,则心一而不纷。是故经则专守一经,史则专熟一代,读经史则专主义理。此皆守约之道,确乎不可易者也。

若夫经史而外,诸子百家,汗牛充栋,或欲阅之,但当读一人之专集,不当东翻西阅,如读《昌黎集》,则目之所见,耳之所闻,无非昌黎,以为天地间除《昌黎集》而外,更无别书也。此一集未读完,断断不换他集,亦专字诀也。六弟谨记之。

⑨读经、读史、读专集,讲义理之学,此有志者万不可易者也,圣人复起,必从吾言矣。然此亦仅为有大志者言之,若夫为科名之学,则要读四书文,读试帖律赋,头绪甚多。四弟、九弟、厚二弟天资较低,必须为科名之学。六弟既有大志,虽不科名可也。但当守一耐字诀耳。观来信,言读《礼记》疏似不能耐者,勉之勉之!

兄少时天分不甚低,厥后日与庸鄙者处,全无所闻,窍被茅塞久矣。及乙未到京后,始有志学诗古文并作字之法,亦洎无良友。近年得一二良友,知有所谓经

名师按语

⑧义理之学:即宋明理学,讲求儒家经义、探究名理。考据之学:对古籍的文字音义及古代的名物典章制度等进行考核辨证。词章之学:指研究词赋的学问。

⑨曾氏将读经、读史、读专集,讲求义理之学看作是有大志之人所做的事,而把读四书、试帖律赋的科举之学看作是资质低的人所为之事。在一定程度上反映了中国封建社会学问与科名之间的关系。

学者、经济者，有所谓躬行实践者，始知范韩可学而至也，司马迁韩愈亦可学而至也，程朱亦可学而至也。慨然思尽涤前日之污，以为更生之人，以为父母之肖子，以为诸弟之先导。无如体气本弱，耳鸣不止，稍稍用心，便觉劳顿。每日思念，天既限我以不能苦思，是天不欲成我之学问也，故近日以来，意颇疏散。

计今年若可得一差，能还一切旧债，则将归田养亲，不复恋恋于利禄矣。粗识几字，不敢为非以蹈大戾(lì)已耳，不复有志于先哲矣。吾人第一以保身为要，我所以无大志愿者，恐用心太过，足以疲神也。弟亦时时以保身为念，无忽无忽！

来信又驳我前书，谓必须博雅有才，而后可明理有用，所见极是。兄前书之意，盖以躬行为重，即子夏"贤贤易色"章之意，以为博雅者不足贵，惟明理者乃有用，特其立论过激耳。六弟信中之意，以为不博雅多闻，安能明理有用？立论极精。但弟须力行之，不可徒与兄辩驳见长耳。

来信又言四弟与季弟从游觉庵师，六弟九弟仍来京中，或肄业城南云云。兄之欲得老弟共住京中也，其情如⑩孤雁之求曹也。自九弟辛丑秋思归，兄百计挽留，九弟当言之。

及至去秋决计南归，兄实无可如何，只得听其自便。若九弟今年复来，则一岁之内忽去忽来，不特堂上诸大人不肯，即旁观亦且笑我兄弟轻举妄动。且两弟同来，途费须得八十金，此时实难措办。弟言能自为计，则兄窃不信。曹西垣去冬已到京，郭筠仙明年起始程，目下亦无好伴。惟城南肄业之说，则甚为得计。兄于二月间准付银二十两至金竺(zhú)虔家。以

⑩孤雁求曹：失群的大雁哀叫着寻找它的同伴们。比喻孤单的人寻找同伴；曹，群、辈。

曾国藩的智慧

为六弟九弟省城读书之用，竺虔于二月起身南旋，其银四月初可到。弟接此信，立即下省肄业。

省城中兄相好的如郭筠仙、凌笛舟、孙芝房，皆在别处坐书院。贺蔗农、俞岱青、陈尧农、陈庆覃诸先生皆官声中人，不能伏案用功矣。惟闻有丁君者（名叙忠，号秩臣，长沙廪生），学问切实，践履笃诚。兄虽未曾见面，而稔(rěn)知其可师。凡与我相好者，皆极力称道丁君。两弟到省，到城南住斋，立即去拜丁君为师。凡人必有师；若无师，则严惮之心不生，即以丁君为师。此外择友，则慎之又慎。昌黎曰："善不吾与，吾强与之附；不善不吾恶，吾强与之拒。"一生之成败，皆关乎朋友之贤否，不可不慎也。

来信以进京为上策，以肄业城南为次策。兄非不欲从上策，因九弟来去太速，不好写信禀堂上，不特九弟形迹矛盾，即我禀堂上亦自相矛盾也。又目下实难办途费，六弟言能自为计，亦未历甘苦之言耳。若我今年能得一差，则两弟今冬与朱啸山同来甚好，目前且从次策。如六弟不以为然，则再写信来商议可也。

此答六弟之大略也。

九弟之信，写家事详细，惜话说太短，兄则每每太长，以后截长补短为妙。尧阶若有大事，诸弟随去一人，帮他几天。牧云接我长信，何以全无回信？毋乃嫌我话太直乎？

扶乩之事，全不足信。九弟总须立志读书，不必想及此等事。季弟一切皆须听诸兄话。此次折弁走甚急，不暇抄日记本，余容后告。

道光二十三年正月十六日

译文

诸位老弟足下：

正月十五日接到四弟、六弟、九弟十二月初五日所发的家信，四弟的信三页，句句都平实，责备我对人不讲宽恕，说的非常对。并说每月写信，徒然用空洞的言语责备弟弟,却又不能有实在的好消息,令堂上大人听到兄长的话,怀疑弟弟们的粗俗庸碌,使弟弟们无地自容,等等。这些话,为兄的看了不免惭愧。我去年和九弟闲谈时曾说:"为人子的,如果使父母认为我好些,说其他兄弟都不及我,这便是不孝;如果使族党称赞我好些,说其他兄弟都不如我,这便是不悌。为什么呢?因为,使父母心中有贤愚之分,使族党口中有贤愚之分,那么肯定是他平时对父母有讨好的念头,在暗中用计策,使自己得到好名声,而使其他兄弟得到坏名声,兄弟间日后的嫌隙,便由此而产生。刘大爷、刘三爷都想做好人,最后变为仇敌,因刘三爷得好名声于父母族党之中,而刘大爷得坏名声的缘故。"今天四弟所责备我的,正是这个道理,我读了以后因此觉得汗颜。但愿我们兄弟五人,个个都明白这个道理,彼此互相原谅。兄长因为弟弟得坏名声而忧虑,弟弟因为兄长得好名声而高兴。兄长不能尽道义上的责任使弟弟得好名声,这是兄长的罪过;弟弟不能尽道义上的责任使兄长得好名声,这是弟弟的罪过。如果都这么想,那么兄弟间一万年也不会有一丝一毫的嫌隙了。

至于说到家塾读书,我也知道非常困难,我曾经和九弟面谈过多次。但四弟上次来信,说想找学馆出外求学。我认为这样做是荒废时间,耽搁事情,比在家塾读书更严重,与其出外求学,还不如待在家塾。如果说一出家塾便有明师益友,那么家乡的明师益友,我都了解,还曾彻夜考虑过,只有汪觉庵师和欧阳沧溟先生,是为兄所中意并可为师的。但衡阳的风俗,只有冬学要紧。自五月以后,老师、弟子都是奉行旧事罢了。同学的人,都是庸碌鄙俗没有志向的人,又最喜欢讥讽人,他们取笑的方法虽然不一样,但离不开"轻薄"二字。四弟如果到衡阳去,他们必定会笑你是翰林的弟弟,真鄙俗可恶。乡间没有朋友,实在是第一恨事,不仅没有益处,并且大有害处,习俗传染人,就如同谚语所说的入鲍鱼之肆,久而不闻其臭,慢慢就与之同化了。兄曾经和九弟提到,说衡阳不可以读书,涟滨不可以读书,因为无益有损的朋友太多了。

现在四弟一定要跟觉庵老师学,那千万要听兄长的嘱咐,仅学明师的好处增益自己,不要受那些无益有害的朋友的损害。接到这封信,立即带厚二到觉庵老师处受业。学费今年已准备十挂钱,兄长在八月一定付回,不至于连累家里,不是不想送得丰厚一点,实在是做不到。兄长最感忧虑的是,同学的人,没有志向而一味嬉游,端午节以后,放散不读书,怕弟弟和厚二也跟着学坏,切实齐戒啊。凡从老师受业,一定要经历许久然后可以获益。四弟与季弟今年从觉庵老师学习,如果地方相安,明年还可继续从学。如果一年换一个地方,那便是没有恒心的人见异思迁,想求得进步难上加难。

六弟的信,是一篇绝妙的古文,刚健像昌黎,深拗像半山。我评论古文,总要有倔强不驯的气质,越拗越深的意思,所以在太史公以外,独取昌黎、半山两家。论诗也赞成傲兀不群的,论书法也一样。每每这么认为,却不轻易谈论,近来得了何子贞这位朋友,意见非常相合,偶尔谈一两句,两人便相对而笑。没想到六弟也有这等文采,过去时常看见你的文章,没觉得有出奇之处,今天看了这封信,才知道弟弟是一个不羁的人才,欢喜得很!凡属兄长有志向而力不从心的,弟弟你都做到了。

信中说兄长与诸位君子讲学,恐怕日久渐渐成了朋党,说得很对。但是弟弟尽可放心,兄长最怕标榜,常常悄然自谦不表露,绝不至于有所谓门户自立的嫌疑。信中说四弟浮躁不虚心,也切中了四弟的毛病,四弟应当看作良药对待。

信中又说弟弟的牢骚,不是小人热衷于此,是志士仁人爱惜光阴。读到这里,不禁惘然有所失;恨不得生两只翅膀飞到家里,将老弟劝慰一番,长谈几天才快活。然而即使弟弟都入了学,那些谣言又会说学院里做了人情,众口铄金,从何去辩解?所谓"塞翁失马安知非福"?科名来得早或晚,实在是前生注定,虽说是爱惜光阴的念头很迫切,也不必为了那个虚名而耿耿于怀。

来信说看了《〈礼记〉疏》一本半,浩浩荡荡,苦无所得,今已废弃,不敢再读,现读《朱子纲目》,每天十多页等等。说到这里,兄长不胜悔恨!恨早年不曾用功,如今虽想教弟弟,好比瞎子想引人摆脱迷途,要求一点不错,太难了,但兄长最喜欢苦思,又得几位益友相互质问证实,对于读书的道理,有一定不可更改的几个方面:穷经必专心一经,不可广泛追求。读经以研究寻找义理为本,考据各物为末。读经有一个"耐"字诀窍,一句不通,不看下句;今天不通,明天再读;今年不通,明年再读,这就叫耐心。读史的方法,最妙的办法是设身处地。每看一处,好比我就是当时的人,应酬宴请在其中。无需人人都记得,只需记一人,就好像在接近这个人一样;不必事事都记得,只需记一事,就好像亲临其事。经,主要是究追其理;史,主要是考实其事。离开这两方面,别无可学。

自西汉以来,读书的儒生大约有三种途径求学:一是义理之学,一是考据之学,一是词章之学。往往各执一门学问,而去攻击其他两门学问。兄长的个人意见,以为义理之学最大。义理明白了,实行起来更可抓住要害,对人处事有了根本。词章之学,也是发挥义理的。考据之学,我没有把它取为研究对象。这三种途径,都从事经史的研究,各有各的门径。我觉得想读经史,只应研究义理,那样更专一而不纷乱。所以经要专守一经,史要专熟一代,读经史专主义理。这些都是读书得其要领的规律,确实不能更改。

除了经史以外,诸子百家,汗牛充栋。或者想读它,只应当读一人的专集,不应当东翻翻西看看。如读《昌黎集》,那眼睛看的、耳朵听的,无非昌黎而已,以为天地间除《昌黎集》之外,再没有其他书了。这一集没有读完,决不换他集,也是专字诀窍。六弟千万记住。

读经、读史、读专集,讲义理之学,这是有志的人万不可更改的。如有圣人复起,也一定会听从我的话。然而,这也仅仅是对有大志的人而说的,假若做科名之学,则要读四书文,读试帖律赋,头绪很多。四弟、九弟、厚二弟天资较低,必须做科名的学问。六弟既然有大志,不图科名也可以,但要守一耐字诀。看来信,说读《礼记》疏似乎不能忍耐,勉之勉之!

兄长少时天分不低,以后天天与庸碌鄙俗的人相处,完全没有见闻,窍要的地方被闭塞很久。直到乙未年到京城后,开始有志于学习诗词、古文和书法的作法,只可惜没有良友。近年寻得一两个良友,才知道有所谓经学、经济者,有所谓躬行实践者,才知道范、韩可以学到手,司马迁、韩愈也可以学到手,程、朱也可以学到手。感慨之余,便想尽洗过去的污秽,把自己变成新人,让自己成为父母的孝子,弟弟们的先导。然而身体太弱,耳鸣不止,稍稍用心,便感劳累。每天思量,上天限制我不能苦思,这是老天不要我成就我的学问。所以近日以来意志很疏懒松散。

为兄计划今年如果谋得一官半职,能够还清一切旧债,就回家奉养双亲,不再贪恋功名利禄。粗略地识了几个大字,不敢为非作歹犯下大错罢了,不再有志于走先哲的道路。我以保重身体为第一要事,我之所以没有大志愿是害怕用心太过而使心神疲惫。弟弟们也要时时以保重身体为念,千万不要

曾国藩的智慧

疏忽。

来信又驳斥我前信，说必须博学多才，然后才能明理有用，你的见解非常正确。为兄前一封信的意思是强调身体力行的重要性，也就是子夏"贤贤易色"章的道理，认为博学优雅不足为贵，只有明理才最有用，这种说法过于偏激。六弟信中的意思，认为没有博学多闻就谈不上明理有用。立论极精辟。但六弟要身体力行才好，不可只与我在口舌上争个长短。

来信又说四弟与季弟跟从觉庵老师受业，六弟、九弟仍然来京，或肄业城南，等等，兄长想和弟弟们共住京城，这种感情好比孤雁的求群。自从九弟辛丑秋想回家，兄长百计挽留，九弟可以证明这一点。

及到去年秋天九弟决计南归，兄长实在没有办法，只得听他自便。如果九弟今年再来，则一年之内忽去忽来，不仅堂上大人不肯，就是旁观者也会笑我兄弟轻举妄动。并且两弟同来，路费要花八十金，现在实在难以筹办。六弟说能够自己解决，我私下里不信。曹西垣去年冬天到京，郭筠仙明年才能起程，眼下没有好的同伴。只有在城南学习，还更为实际。我在二月打算送银二十两到金竺虔家，以供六弟、九弟省城读书之用。竺虔在二月起程去南方，这笔银子四月初可收到。望弟弟接到这封信，立即出发到省城读书。

我在省城中的好友如郭筠仙、凌笛舟、孙芝房，都在别处的书院学习。贺蔗农、俞岱青、陈尧农、陈庆覃各位先生都是官场中人，不能够埋首用功。只听说有个姓丁的贤士，学问切实，忠厚老实。我虽然未曾见过他，但熟知他可以做你们的老师。凡是与我交好的人，都极力称道丁君。弟弟们到了省城，可到城南安顿，并立即拜见丁君，以之为师。凡是人都有老师，如果没有老师就不可能知道严格地要求自己，就拜丁君为老师吧。此外，择友也一定要慎之又慎。昌黎先生说："善不吾与，吾强与之附；不善不吾恶，吾强与之拒。"一生的成败都与朋友的贤能与否息息相关，所以不可不谨慎啊！

来信把进京读书视为上策，把在城南读书列为下策。我并不是不想取上策，实在是九弟来去太匆匆，不好写信向长辈禀告。不仅九弟形迹矛盾，就是我向高堂禀告也是自相矛盾。况且眼下旅费难筹措，六弟说自己可以想办法，也是未经历甘苦的人所说的话。如果今年我能得到官职，那么两弟今年冬天和朱啸山一同过来最好，目前暂且施行下策。假若六弟不同意，再写信商议也行。

以上是简略地回复六弟的来信。

九弟的信，写家事详细，可惜话说得太短。兄长写信常常太长，以后截长补短为好。尧阶如果有大事，弟弟中随去一人，帮他几天。牧云接我长信，为何没有回信？是不是嫌我的话太直了？

扶乩的事，完全不可信。九弟要立志读书，不要想这些事。季弟一切事情都要听诸位哥哥的话。这次通信兵走得很急，不能够闲抄日记本，其余容我以后再告。

道光二十三年正月十六日

致六弟·述学诗习字之法

名师按语

原文

温甫六弟左右：

五月二十九、六月初一，连接弟三月初一、四月二十五、五月初一三次所发之信，并四书文二首，笔力实实可爱！信中有云："于兄弟则直达其隐，父子祖孙间，不得不曲致其情。"此数语有大道理。余之行事，每自以为至诚可质天地，何妨直情径行。昨接四弟信，始知家人天亲之地，亦有时须委曲以行之者，吾过矣！吾过矣！

香海为人最好，吾虽未与久居，而相知颇深，尔以兄事之可也。丁秩臣、王衡臣两君，吾皆未见，在约可为弟之师，或师之，或友之，在弟自为审择。若果①威仪可则，②淳实宏通，师之可也。若仅博雅能文，友之可也。或师或友，皆宜常存敬畏之心，不宜视为等夷，渐至慢亵(xiè)，则不复能受其益矣。

①威仪可则：威风凛凛的仪态可以效法。则，效法。

②淳实宏通：淳厚朴实而且宽宏通阔。

曾国藩的智慧

弟三月之信，所定功课太多，多则必不能专，万万不可。后信言已向陈季牧借《史记》，此不可不熟看之书；尔既看《史记》，则断不可看他书。功课无一定呆法，但须专耳。余从前教诸弟，常限以功课，近来觉限人以课程，往往强人以所难；苟其不愿，虽日日遵照限程，亦复无益，故近来教弟，但有一专字耳。专字之外，又有数语教弟，兹特将③冷金笺(jiān)写出，弟可贴之座右，时时省览，并抄一付，寄家中三弟。

香海言时文须学④《东莱博议》，甚是，弟先须用笔圈点一遍，然后自选几篇读熟，即不读亦可。无论何书，总须从首至尾，通看一遍；不然，乱翻几页，摘抄几篇，而此书之大局精处，茫然不知也，学诗从《中州集》入亦好，然吾意读总集，不如读专集，此事人人意见各殊，嗜好不同，吾之嗜好，于五古则喜读《文选》，于七古则喜读《昌黎集》，于五律则喜读《杜集》，七律亦最喜《杜诗》，而苦不能步趋，故兼读《元遗山集》。

吾作诗最短于七律，他体皆有心得，惜京都无人可与畅语者。弟要学诗，先须看一家集，不要东翻西阅，先须学一体，不可各体同学，盖明一体则皆明也。凌笛舟最善为诗律，若在省，弟可就之求教。习字临《千字文》亦可，但须有恒，每日临一百字，万万无间断，则数年必成书家矣，陈季牧多喜谈字，且深思善悟，吾见其寄岱云信，实能知写字之法，可爱可畏！弟可从切磋，此等好学之友，愈多愈好。

来信要我寄诗回南，余今年身体不甚壮健，不能用心，故作诗绝少；仅作感春诗七古五章，慷慨悲歌，自谓不让⑤陈卧子，而语太激烈，不敢示人。是仅应酬诗数首，了无可观；现作寄贤弟诗二首，弟观之以为何如？京

名师按语

③冷金笺：古代笺纸名，以金片、成金粉加工装饰彩色的笺纸，故称。

④《东莱博议》：南宋吕祖谦著，以《左传》记载的某些史实为题加以评议，不乏独到见解。

⑤陈卧子：即陈子龙，字卧子，明末清初人，以文采风节名重史册。

笔现在无便可寄，总在秋间寄回，若无笔写，暂向陈季牧借一支，后日还他可也。

国藩手草。

道光二十三年六月初六日

译文

温甫六弟左右：

五月二十九日、六月初一，接连收到弟弟三月初一、四月二十五、五月初一三次所发的信，并附"四书"文两篇，笔力确实可爱！信中说："在兄弟面前直截了当陈述自己的隐情，父子、祖孙之间，不得不委婉地表达自己的衷曲。"这几句有大道理。我做事，每每认为自己是一片至诚可问天地，直截了当又有什么不好？昨天接到四弟的信，才知道即使是至亲，有时也要委曲行事。这是我的过错！这是我的过错！

香海为人很好，我虽然和他住在一起不久，但对他了解很深，你可以把他当作兄长对待。丁秩臣、王衡臣两位，我都没有见过，大约可以做弟弟的老师。是认他为师，还是认他为友，弟弟自己决定。如果真是威仪可为表率，淳朴实在，宏博通达，可以认作老师。如果仅仅只是博雅能文，认作朋友就可以了。不论是认为师或认为朋友，都要抱一种敬畏的心理，不要等闲视之，慢慢就怠慢亵渎了人家，那便不能受到教益。

弟弟三月的信，所定功课太多，多了就不专了，万万不可以。后信说已向陈季牧借《史记》，这是不可不熟读的书；你既然读《史记》，便绝不能看其他书了。功课没有一定的方法，只是要专一。我从前教各位弟弟，常常限定功课，近来觉得这样做是强人所难；如果你们不愿意，虽说天天遵守限定功课的进程，也没有益处，所以近来教弟弟，只强调一个"专"字。除了专字以外，又有几句话告诉弟弟，现特地用冷金笺写出来，弟弟可以贴在座右，时刻看看，并抄一幅，寄家中的三位弟弟。

香海说学当代的文章要学《东莱博议》，很对，弟弟先用笔圈点一遍，然后自选几篇读熟，就是不读也可以。无论什么书，总要从头到尾通读一遍；不然，乱翻几

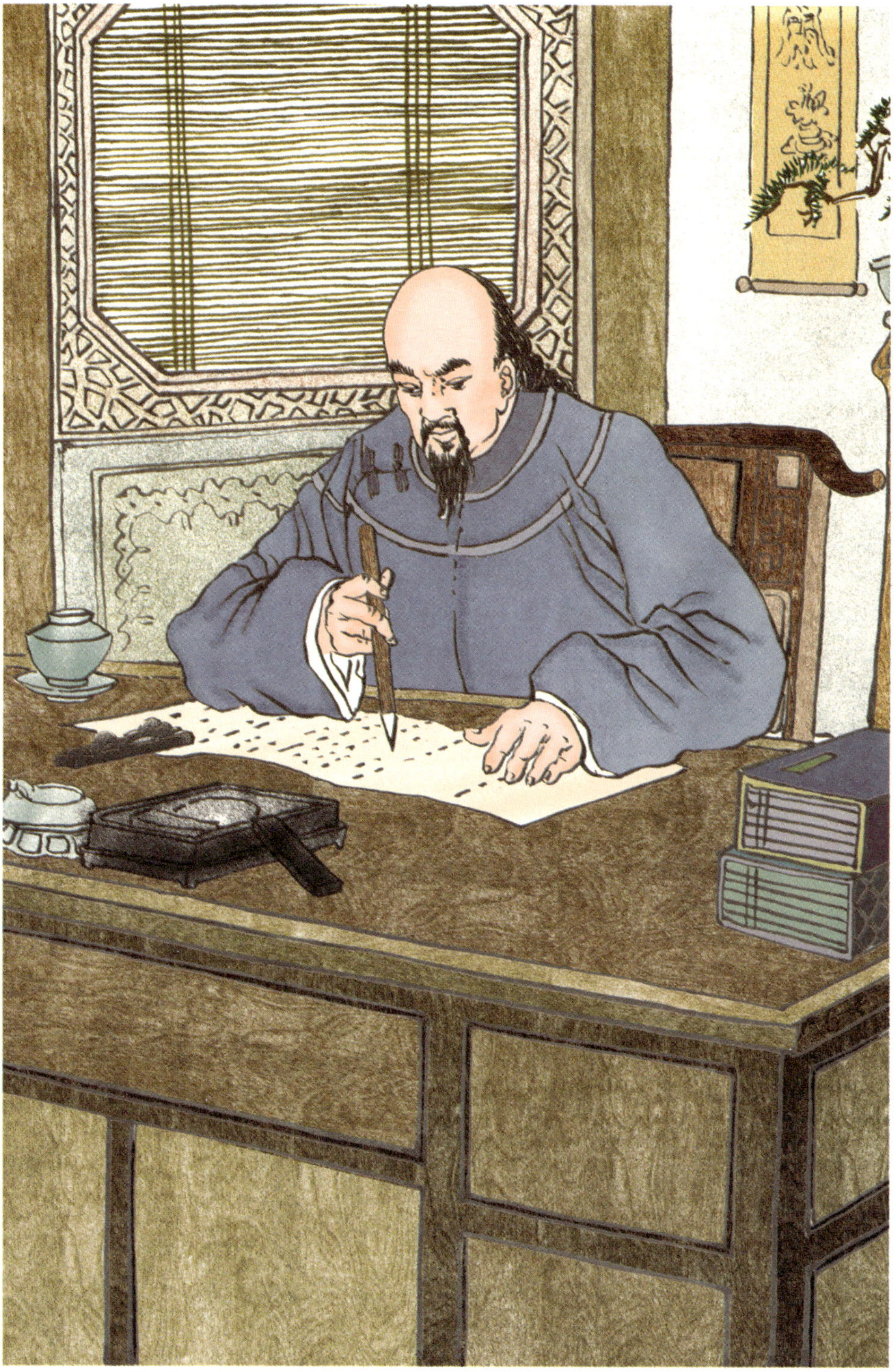

页,摘抄几篇,那么这本书大的布局,它的精妙之处,就会茫然不知;学诗从《中州集》入手也好,然而,我的意思,读总集不如读专集,关于这种事情,每个人的看法不同,嗜好也不同;我的嗜好是,五古喜欢读《文选》,七古喜欢读《昌黎集》,五律喜欢读《杜集》,七律也最喜欢《杜诗》,而苦于不能亦步亦趋,所以兼读《元遗山集》。

我作诗最不会作七律,其他体裁都有心得,可惜京城里没有人可以在一起畅谈。弟弟要学诗,先要看一家集,不要东翻西看,先要学一体,不可各体同时学,因为明白了一体,便都明白了。凌笛舟最长于诗律,如果在省,弟弟可以就近求教。习字临《千字文》也可以,但要有恒。每天临帖一百字,万万不要间断,那么几年下来,便成了书法家。陈季牧喜欢谈论书法,并且能深思善悟,我看过他给岱云的信,实在了解书法之诀窍,可爱又可畏! 弟弟可以和他切磋,这样好学的朋友,越多越好。

来信要我寄诗回去,我今年身体不壮健,不能用心,所以作诗非常少,仅仅作了古代七言《感春诗》五章,慷慨悲歌,自己认为不输给陈卧子,但言辞太激烈,不敢给别人看。其余仅是应酬诗几首,没有什么可看的;现作《寄贤弟诗》两首,弟弟看后以为如何? 京笔现在不方便带寄,将在秋天寄回,如果没有笔写,暂时向陈季牧借一支,日后还他好了。

国藩手草。

道光二十三年六月初六日

致诸弟·必须立志猛进

原文

四位老弟足下:

自七月发信后,未接诸弟信,乡间寄信,较省城寄信百倍之难,故余亦不望。然九弟前信有意与刘霞仙同伴读书,此意甚佳,霞仙近来读朱子书,大有

曾国藩的智慧

所见，不知其言语容止、规格气象何如？若果言动有礼，威仪可则，则直以为师可也，岂特友之哉！然与之同居，亦须真能取益乃佳，无徒浮慕虚名。人苟能自立志，则圣贤豪杰，何事不可为？何必借助于人？"我欲仁，斯仁至矣。"我欲为孔孟，则日夜孜孜，惟孔孟之是学，人谁得而①御我哉？若自己不立志，则虽日与尧舜禹汤同住，亦彼自彼，我自我矣，何有于我哉？

去年温甫欲读书省城，吾以为离却家门局促之地，而与省城诸胜己者处，其长进当不可限量。乃两年以来，看书亦不甚多，至于诗文则绝无长进，是不得归咎于地方之局促也。去年余为择师丁君叙忠，后以丁君处太远，不能从，余意中遂无他师可从。今年弟自择罗罗山改文，而嗣后杳无信息，是又不得归咎于无良友也。日月逝矣，再过数年则满三十，不能不趁三十以前立志猛进也。

余受父教，而余不能教弟成名，此余所深愧者。他人与余交，多有受余益者，而独诸弟不能受余之益，此又余所深恨者也。今寄霞仙信一封，诸弟可抄存信稿而细玩之，此余数年来学思之力，略具大端。六弟前嘱余将所作诗抄录寄回，余往年皆未存稿，近年存稿者，不过百余首耳，实无暇抄写，待明年将全本付回可也。

国藩草。
道光二十四年九月十九日

名师按语

①御：抵御，阻止。

译文

四位老弟足下：

自七月发信以后，没有接到弟弟们的信。乡里寄信，比省城寄信要难百倍，所以我也不十分渴望。然而九弟前次信中说他有意与刘霞仙同伴读书，这个想法很好。霞仙近来读朱子的书，大有所见，但不知道他的谈吐容貌、规格气象怎样？如果言语行为有礼，威仪可为表率，那么师从他也可以，哪里只限于朋友呢？但与他同住，也要真能受益才好，不要徒然仰慕别人的虚名。一个人假若自己能立志，那么，圣贤豪杰，什么事情不可为？何必一定要借助别人呢？"我想仁，仁便达到了。"我要学孔、孟，那就日夜孜孜以求，唯有孔、孟才去学，那又有谁能阻止得了呢？如果自己不立志，那么即使天天与尧、舜、禹、汤同住，也还是他是他，我是我，又与我有何关系？

去年温甫想到省城读书，我以为离开家庭局促的狭小天地，而与省城那些强过自己的人相处，进步一定不可限量。但是两年以来，看书也不是很多，至于诗文，则绝没有长进，因而不得归咎于天地的局促。去年我为你选择丁君叙忠为老师，后来因丁君住的太远了，不能跟他学习，我意中便没有其他老师可从了。今年弟弟自己选择罗罗山改文，以后却杳无消息，进而又不得归咎于没有良师益友。日月时光飞逝了，再过几年，就满三十，不能不趁三十岁前立志猛进。

我受父亲教育，而不能教弟弟成名，这是我深感惭愧的。别人与我交往，多数都得到我的益处，而独独几位弟弟不能受益，这又是我深深遗憾的。现在寄霞仙信一封，各位弟弟可抄下来细细品味，这是我数年来学习思考的心得，规模大体上具备了。六弟嘱咐我把作的诗抄录寄回，我往年都没有存稿，近年存了稿的，不过一百多首。实在没有时间抄写，等明年把全本付回好了。

国藩草。

道光二十四年九月十九日

致诸弟·读书必须有恒心

原文

名师按语

四位老弟足下：

前月寄信，想已接到。余蒙祖宗遗泽、祖父教训，幸得科名，内顾无所忧，外遇无不如意，一无所缺矣。所望者，再得诸弟强立，同心一力，何患令名不显，何愁家运之不兴？欲别立课程，多讲规条，使诸弟遵而行之，又恐诸弟习见而生厌心；欲默默而不言，又非长兄督责之道。是以往年常示诸弟以课程，近来则只教以有恒二字。所望于诸弟者，但将诸弟每月功课写明告我，则我心大慰矣。

乃诸弟每次写信，从不将自己之业写明，乃好言家事及京中诸事。此时家中①重庆，外事又有我料理，诸弟一概不管可也。以后写信，但将每月作诗几首，作文几首，看书几卷，详细告我，则我欢喜无量。诸弟或能为科名中人，或能为学问中人，其为父母之令子一也，我之允喜一也。慎弗以科名稍迟，而遂谓无可自立也。如霞仙今日之身份，则比等闲之秀才高矣。若学问愈进，身份愈高，则等闲之举人、进士又不足论矣。

②学问之道无穷，而总以有恒为主。兄往年极无恒，近年略好，而犹未纯熟。自七月初一起，至今则无一日间断，每日临帖百字，抄书百字，看书少亦须满二十页，多则不论。自七月起，至今已看过《王荆公文集》百卷，《归震川文集》四十卷，《诗经大全》二十卷，《后汉书》百卷，皆朱笔加圈批。虽极忙，亦须了本日功课，不以昨

①重庆：旧时指祖父母、父母均健在。

②欲学有所成，需要有恒心，需要长期不断，点点滴滴积累的工夫。

名师按语

日耽搁而今日补做，不以明日有事而今日预做。诸弟若能有恒如此，则虽四弟中等之资，亦当有所成就，况六弟九弟上等之资乎？

明年肄业之所，不知已有定否？或在家，或在外，无不可者。谓在家不好用功，此巧于卸责者也。吾今在京，日日事务纷冗（rǒng），而犹可以不间断，况家中万万不及此间之纷冗乎？

树堂、筠仙自十月起，每十日作文一首，每日看书十五页，亦极有恒。诸弟试将《朱子纲目》过笔圈点，定以有恒，不过数月即圈完矣。若看③注疏，每经亦不过数月即完，切勿以家中有事而间断看书之课，又弗以考试将近而间断看书之课。虽走路之日，到店亦可看；考试之日，出场亦可看也。

兄日夜悬望，独此有恒二字告诸弟，伏愿诸弟刻刻留心。

③注疏：此处指后人对前代文章典籍所作的注解、疏证。

兄国藩手草。

道光二十四年十一月二十一日

译文

四位老弟足下：

前月寄的信，想已接到。我承蒙祖宗留下的遗泽，祖父的教训，幸运地得了科名。没有内顾之忧，在外的境遇也都如意，算是一无所缺了，所希望的，是弟弟们个个自强自立，同心协力，还怕什么名声不显赫、家运不兴旺呢？我想另立课程，多讲条规，使弟弟们遵行，又恐怕弟弟们见而生厌；想默默不说，又怕失了兄长督责的道义。所以

曾国藩的智慧

往年常规定弟弟们的功课，近来只强调"有恒"二字，所希望弟弟们的，是把每月功课写明白告诉我，我的心里便有了安慰。

然而，弟弟们每次写信，从不把自己的学业写明白，只是喜欢说家事和京城中的事。这个时候，家里正处于庆祝气氛之中，外面的事又有我照料，弟弟们可以一概不管。以后写作，只要把每月作诗几首，作文几篇，看书几卷，详细告诉我，那我就太高兴了。各位弟弟或者可以得到科举的功名，或者可以成为有学问的人，但都是父母的好儿子，这是我高兴的第一点。要慎重，不要因为科名迟了，便说自己不行。如霞仙今天的身份，比一般的秀才就高一些。如果学问再进，身份更高，那一般的举人进士，又不必去说了。

探究学问的方法是没有穷尽的，总以有恒为主。兄长往年没有恒心，近年略好，但还没有纯熟。自七月初一起，至今没有一天间断。每天临帖百字，抄书百字，看书至少二十页，多不论。自七月起，到现在已经看过《王荆公文集》百卷、《归震川文集》四十卷、《诗经大全》二十卷、《后汉书》百卷，都用朱笔加圈点批注。即使很忙，也要了结当天功课，不因昨天耽搁了，今天补做，也不因明天有事，今天预先做。弟弟们如果能这样有恒，那四弟虽是中等的天分，也应当有所成就，何况六弟、九弟是上等天分呢？

明年学习的地方，不知决定了没有？或者在家，或者在外，都无不可。说在家不好用功，这是弄巧推卸责任。我现在京城，天天事务纷冗，都可以不间断读书，何况在家呢？

树堂、筠仙从十月起，每十天作文一篇，每天看书十五页，也很有恒心。弟弟们试着把《朱子纲目》过笔圈点，只要持之以恒，不出几个月就能看完了。如果看注疏，每部经不过几个月就看完，切不要强调家中有事而间断看书，也切不要强调考试将近而间断看书。就是走路的时候，到旅店后也可以看；考试的日子，出场以后也可以看。

兄长日夜悬望，只有"有恒"二字忠告弟弟们，愿弟弟们时刻留心。

兄国藩手草。

道光二十四年十一月二十一日

赏析·启示

　　曾国藩一生好学,总结出许多极具价值的学习方法。他竭尽全力教导家中子弟读书为学,以书信的方式阐述了他的关于读书学习的经验。

　　他着重强调了"专"的重要性。读经当专攻一经,一经通则诸经通;读集须看一家,一家精则诸家精;学诗当专学一体,一体明则诸体明。读书之法应先在短期内集中精力从头到尾诵读一遍,了解这本书大的布局。然后再对书中每章乃至字字句句的内涵细细咀嚼,探求书中的精髓奥妙。这些方法适用于精读经典书籍,值得今人借鉴。

　　曾氏是一个脚踏实地的人,主张"沉潜"、"拙诚",脚踏实地,下苦功,用笨劲,因此他在读书方面对诸弟提出了最为精辟的"有志"、"有识"、"有恒"的要求,主张学问应长期不断地用点点滴滴功夫积累而成。

　　曾氏教育子弟从不摆兄长的架势,将求学方法寓于家常之中,自然带出,毫不牵强。在后来的岁月里,四个弟弟均成才成器,或为家族事业的薪火传人,或为湘军中叱咤风云的人物,他们的这些成就与长兄的谆谆教诲是分不开的。

学习·拓展

王国维的读书三境界

　　王国维在《人间词话》中说,读书治学有三种境界,并援引宋词名句加以说明。第一种境界:"昨夜西风凋碧树,独上高楼,望尽天涯路。"这好比人刚从平地登上高楼,眼界顿开,意识到过往所学不足。第二种境界:"衣带渐宽终不悔,为伊消得人憔悴。"说的是在求知欲驱使下,专心读书,废寝忘食,容颜憔悴,但为了心之向往的学问,却毫无后悔之意。第三种境界:"众里寻他千百度,蓦然回首,那人却在,灯火阑珊处。"说的是真正的学问来自于"千百度"的钻研、探索过程,一旦有所感悟便会体会到莫大的快乐。

修身篇

名师导读

修身即陶冶身心，修养人格，涵养道德，变化气质，也就是孟子所说的"苦其心志"，是"增益其所不能"的过程，是"天将降大任"前必须要做的功课。

曾国藩一生激浪于宦海，显赫终身，实赖于他平素的修身养德。他身居相位，却勤奋简朴，不失寒士之气；他功名显赫，却谦虚谨慎，从不自诩自骄；他权大势重，却恭谦下士，从未侮人傲人。他为官勤恕廉明，治军严明公正，待人平实通达。

曾国藩十分重视修身，提高自身的道德修养水平。他在官场沉沉浮浮数十年，积累总结出很多修身治心的"秘诀"，虽然我们所选的这几篇文章并不能涵盖曾国藩所有的修身养性之道，但显一斑可以窥全豹，帮助我们了解他在修身养性方面所做的努力。同时，我们也可以借鉴学习，检省自己的日常言行。

致诸弟·明师益友虚心请教

原文

诸位贤弟足下：

名师按语

十月二十一，接九弟在长沙所发信，内途中日记六页，外药子一包。二十二接九月初二日家信，欣悉以慰。

自九弟出京后，余无日不忧虑，诚恐道路变故多端，难以臆(yì)揣。及读来书，果不出吾所料，千辛万苦，始得到家，幸哉幸哉！郑伴之下不足恃，余早已知之矣。郁滋堂如此之好，余实不胜感激！在长沙时，曾未道及彭山屺(qǐ)。何也？

四弟来信甚详，其发愤自励之志溢于行间；然必欲找馆出外，此何意也？不过谓家塾离家太近，容易耽搁，不如出外较清净耳。然出外从师，则无甚耽搁，若出外教书，其耽搁更甚于家塾矣。且苟能发奋自立，则家塾可读书，即旷野之地热闹之场亦可读书，①负薪牧豕皆可读书；苟不能发奋自立，则家塾不宜读书，即清净之乡神仙之境皆不能读书，何必择地？何必择时？但自问立志之真不真耳！

六弟自怨②数奇，余亦深以为然。然屈于小试，辄发牢骚，吾窃笑其志之小，而所忧之不大也！君子之立志也，有民胞物与之量，有内圣外王之业，而后不忝于父母之所生，不愧为天地之完人。故其为忧也，以不如舜不如周公为忧也，以德不修学不讲为忧也。是故顽民梗化则忧之，蛮夷猾(huá)夏则忧之，小人在位贤才否闭则忧之，匹夫匹妇不被己泽忧之。所谓悲天命而悯人穷，此君子之所忧也。若夫一身之屈伸，一家之饥饱，世俗之荣辱得失，贵贱毁誉，君子固不暇忧及此也。六弟屈于小试，自称数奇，余窃笑其所忧之不大也！

盖人不读书则已，亦既自名曰读书人，则必从事于《大学》。《大学》之纲领有三：明德、新民、止至善，皆我分内事也。若读书不能体贴到身上去，谓此三项，与我

①负薪：背柴，相传汉代朱买臣背着柴草时还刻苦读书。牧豕：放猪。相传汉代函宫一边放猪，同时还在听讲解经书。

②数奇：这里指命运不好，遇事不利。

曾国藩的智慧

身毫不相涉,则读书何用?虽使能文能诗,博雅自诩,亦只算识字之牧猪奴耳!岂得谓之明理有用之人也乎?

朝廷以制艺取士,亦谓其能代圣贤立言,必能明圣贤之理,行圣贤之行,可以居官莅民整躬率物也。若以明德、新民为分外事,则虽能文能诗,而于修己治人之道实茫然不讲,朝廷用此等人做官,与用牧猪奴做官何以异哉?然则既自名为读书人,则《大学》之纲领,皆己立身切要之事明矣,其条目有八。自我观之,其致功之处,则仅二者而已:曰格物,曰诚意。

③格物,致知之事也;诚意,力行之事也。物者何?即所谓本末之物也。身、心、意、知、家、国、天下,皆物也;天地万物,皆物也;日用常行之事,皆物也。格者,即物而穷其理也。如事亲定省,物也;究其所以当定省之理,即格物也。事兄随行,物也;究其所以当随行之理,即格物也。吾心,物也;究其存心之理,又博究其省察涵养以存心之理,即格物也。吾身,物也;究其敬身之理,又博究其立齐坐尸以敬身之理,即格物也。每日所看之书,句句皆物也;切己体察,穷究其理,即格物也;此致知之事也。所谓诚意者,即其所知而力行之,是不欺也,知一句便行一句;此力行之事也。此二者并进,下学在此,上达亦在此。

吾友吴竹如格物功夫颇深,一事一物,皆求其理。倭艮峰先生则诚意功夫极严,每日有日课册。一日之中,一念之差,一事之失,一言一默,皆笔之于书。书皆楷字,三月则订一本,自乙未年起,今三十本矣。盖其慎独之严,虽妄念偶动,必即时克治,而著之于书,故所读之书,句句皆切身之要药。兹将艮峰先生日课,抄三页付归,与诸弟看。

名师按语

③曾氏在此详细阐述了取得成就的关键,即格物,诚意。对事,对学问先有穷追其理的精神,然后又有付出实践的毅力,方能成就学问,成就大事。

名师按语

④倜:胸襟开阔。

⑤符契:符合、契合。

⑥贽:拜见师长时所持的礼物。

余自十月初一日起,亦照艮峰样,每日一念一事,皆写之于册,以便触目克治,亦写楷书。冯树堂与余同日记起,亦有日课册。树堂极为虚心,爱我如兄,敬我如师,将来必有所成。余向来有无恒之弊,自此写日课本子起,可保终身有恒矣,盖明师益友,重重夹持,能进不能退也。本欲抄余日课册付诸弟阅,因今日镜海先生来,要将本子带回去,故不及抄。十一月有折差,准抄几页付回也。

余之益友,如倭艮峰之瑟④倜,令人对之肃然;吴竹如、窦兰泉之精义,一言一事,必求至是;吴子序、邵蕙西之谈经,深思有辨;何子贞之谈字,其精妙处,无一不合,其谈诗尤最⑤符契。子贞深喜吾诗,故吾自十月来,已作诗十八首,兹抄二页付回,与诸弟阅。冯树堂、陈岱云之立志,汲汲不遑,亦良友也。镜海先生,吾虽未尝执⑥贽(zhì)请业,而心已师之矣。

吾每作书与诸弟,不觉其言之长,想诸弟或厌烦难看矣。然诸弟苟有长信与我,我实乐之,如获至宝,人固各有性情也。

余自十月初一起记日课,念念欲改过自新。思从前与小珊有隙,实是一朝之忿,不近人情,即欲登门谢罪。恰好初九日小珊来拜寿,是夜余即至小珊家久谈。十三日与岱云合伙请小珊吃饭,从此欢笑如初,前隙盖释矣。近事大略如此,容再续书。

国藩手具。
道光二十二年十月二十六日

曾国藩的智慧

诸位贤弟足下：

十月二十一日，接到九弟在长沙所发的信，里面有路上日记六页，外药子一包。二十二日接到九月初二日家信，欣悉一切聊以自慰。

自从九弟离京城后，我没有一天不忧虑，深怕道路变故多，难以预料。等读了来信，果然不出我所料，历经千辛万苦才到了家，幸运！真是幸运！与郑同行不足以依靠，我早知道了，郁滋堂这样友善，我实在感激不尽。在长沙时，没有提到彭山屺，为什么？

四弟来信写得很详细，他发奋自我勉励的志向流露在字里行间。但一定要出外找学堂，这是什么意思？不过是说家塾学堂离家里太近，容易耽搁，不如外出安静罢了。然而出外从师，自然没有耽搁。如果是出外求学，那耽搁起来比在家塾里还厉害。如果真能发奋自立，那么家塾可以读书，就是旷野地方、热闹场所也可以读书，背柴放牧都可以读书。如果不能发奋自立，那么家塾不宜读书，就是清净的地方、神仙的环境都不宜读书，何必要选择地方？何必要选择时间？只要问问自己，自立的志向是不是真的。

六弟埋怨自己的命运不佳，我也深以为然。但只是小试失利，就发牢骚，我暗笑他志向太小而心中忧虑的问题太多。君子立志，需有为民众请命的器量，有内修圣人的德行，外建王者称霸天下的雄功，然后才不负父母生育自己，不愧为天地间的一个完整的人。所以他所忧虑的，是因自己不如舜皇帝、不如周公而忧虑，以德行没有修整、学问没有大成而忧虑。所以，顽固的刁民难以感化，则忧；野蛮的夷、狡猾的夏不能征服，则忧；小人在位，贤人远遁，则忧；匹夫匹妇没有得到自己的恩泽，则忧。这就是通常所说的悲天命而怜悯百姓穷苦，这是君子的忧虑。至于一个人的委屈和伸张，一家人的饥和饱，世俗所说的荣与辱，得与失，贵与贱，毁与誉，君子还没有工夫为这些去忧虑。六弟委屈于一次小试，自称数奇，我暗笑他所忧的东西不大啊！

一个人不读书便罢了，既然也要自称为读书人，就一定要研读《大学》。《大学》的纲要有三点：明德、新民、止至善，都是我们的分内事情。如果读书不能联系自身，说什么这三点与我毫不相干，那么读书又有什么用呢？虽说能写文能作诗，吹嘘

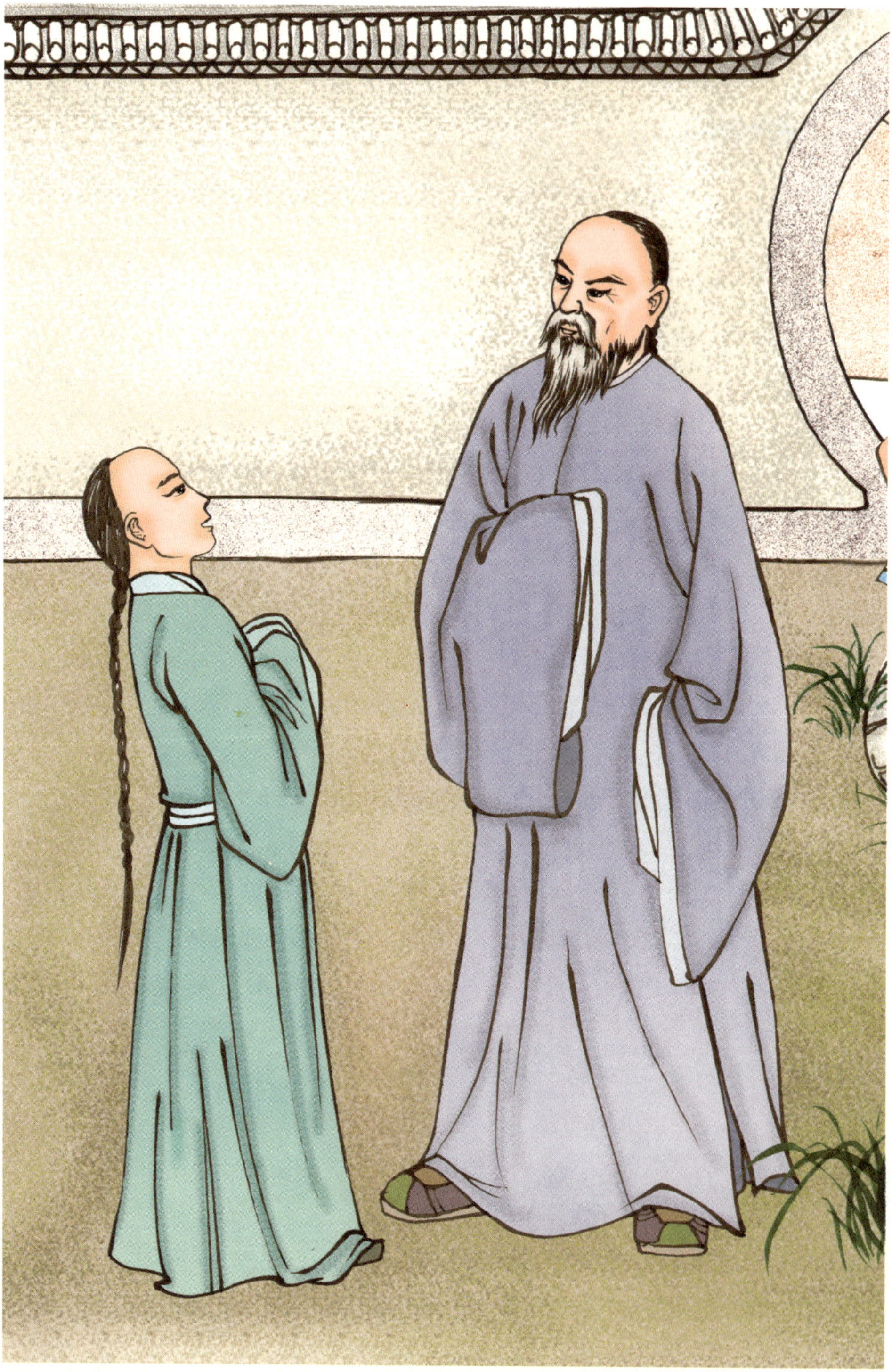

曾国藩的智慧

自己博学雅闻，也只算得一个识字的牧童而已，岂能称他是明白事理的有用之人。

朝廷以八股文来录取士人，也是说他能代替圣人贤人立言，必须明白圣贤的道理，行圣贤的行为，可以为官管理民众，能为百姓做表率。如果把明德、新民作为分外事，那虽能文能诗，而对于修身治人的道理却茫然不懂，朝廷用这种人做官，和用牧童做官又有何区别呢？既然自称读书人，那么就应该明白《大学》的纲领，都是自己立身切要的事情。《大学》应修的科目共有八个方面，在我看来，取得功效的地方只有两条罢了：一条叫格物，一条叫诚意。

格物，致知的事情；诚意，力行的事情。物是什么？就是本末的物。身、心、意、知、家、国、天下，都是物；天地万物，都是物；日常用的、做的，都是物。格，是考究物及穷追它蕴含的道理。如侍奉父母，定期探亲，是物。而定期探亲的理由，就是格物。侍奉兄长，追随兄长的步伐，是物。研究为何应当跟随兄长的理由，就是格物。我的心，是物。研究自己存心的道理，广泛研究心的省悟、观察、涵养的道理，就是格物。我的身体，是物。研究如何爱惜身体的道理，广泛研究站直、坐立以敬身的道理，就是格物。每天所看的书，句句都是物。切己体察，穷究其理，就是格物，这是获取知识的事。所谓诚意，就是利用自己所知道的东西努力去做，诚实不欺。知一句，行一句，这是力行的事。两者并进，下等的学问在这里，高明的学问也在这里。

我的朋友吴竹如格物功夫很深，一事一物，都要探求它的道理。倭艮峰先生诚意功夫很严，每天有日课册子。一天之中，一念之差，一事之失，一言一默，都写下来。字都是正楷。三个月订一本，从乙未年起，已订了三十本。因他慎独严格，虽出现妄念偶动，必定马上克服，写在书上。所以他读的书，句句都是切合自身的良药，现将艮峰先生日课，抄三页寄回，给弟弟们看。

我从十月初一日起，也照艮峰一样，每天一个念头一件事情，都写在册子上，以便随时看见了加以克服，也写正楷。冯树堂和我同日记起，也有日课册子。树堂非常虚心，爱护我如同兄长，敬重我如同老师，将来一定有所成就。我向来有无恒心的毛病，从写日课本子开始，可以保证一生有恒心了。明师益友，一重又一重夹持着我，只能进不能退。本想抄我的日课册给弟弟们看，今天镜海先生来，要将本子带回，所以来不及抄。十一月有通信兵，打算抄几页寄回。

我的益友，如倭艮峰的贤明端庄，令人肃然起敬。吴竹如、窦兰泉的精研究义，一言一事，实事求是。吴子序、邵蕙西谈经，深思明辨。何子贞谈书法，其精妙处，与我无一不合，谈诗尤其意见一致。子贞很喜欢我的诗，所以我从十月以来，已作了十八首，现抄两页寄回，给弟弟们看。冯树堂、陈岱云胸怀大志、性情急切，也是良友。镜海先生，我虽然没有拿着礼物去请求授业，而心里早已把他当成老师了。

我每次给诸位弟弟写信，不觉得写得长，我想诸位弟弟或许厌烦不想看。但弟弟们如有长信给我，我实在很是高兴，如获至宝，人真是各有各的性情啊！

我从十月初一日起记日课，念念不忘想改过自新。回忆从前与小珊有点嫌隙，实在是一时的气愤，不近人情，想立即登门谢罪。恰好初九日小珊来拜寿，当天晚上我到小珊家谈了很久。十三日与岱云一起，请小珊吃饭，从此欢笑如初，嫌隙烟消云散。近来的事大致这样，容我以后再写。

国藩手具。

道光二十二年十月二十六日

致诸弟·劝弟谨记进德修业

原文

四位老弟左右：

昨二十七日接信，快畅之至，以信多而处处详明也。四弟七夕诗甚佳，已详批诗后；从此多作诗亦甚好，但须有志有恒，乃有成就耳。余于诗亦有工夫，恨当世无韩昌黎及苏黄一辈人可与发吾狂言者。但人事太多，故不常作诗；用心思索，则无时敢忘之耳。

吾人只有进德、修业两事靠得住。进德，则孝悌仁义是也；修业，则诗文作字是也。此二者由我作主，得尺则我之尺也，得寸则我之寸也。今日进一分德，便算积了一升谷；明日修一分业，又算余了一文钱；德业并增，则家私日起。至于功名富贵，悉由命定，丝毫不能自主。昔某官有一门生为本省学政，

曾国藩的智慧

托以两孙，当面拜为门生。后其两孙岁考临场大病，科考①丁艰，竟不入学。数年后两孙乃皆入，其长者仍得两榜。此可见早迟之际，时刻皆有前定，尽其在我，听其在天，万不可稍生妄想。六弟天分较诸弟更高，今年受②黜(chù)，未免愤怨，然及此正可困心横虑，大加卧薪尝胆之功，切不可因愤废学。

九弟劝我治家之法，甚有道理，喜甚慰甚！自荆七遣去之后，家中亦甚整齐，待率五归家便知。书曰："非知之艰，行之维艰。"九弟所言之理，亦我所深知者，但不能庄严威厉，使人望若神明耳。自此后当以九弟言③书诸绅，而刻刻警醒。季弟天性笃(dǔ)厚，诚如四弟所云，乐何知之！求我示读书之法，及进德之道。另纸开示。余不具。

国藩手草。

道光二十四年八月二十九日

名师按语

①丁艰：旧时称遭父母之丧为丁艰。

②黜：斥退。

③书诸绅：写在大带子上，意为牢记不忘。绅，古代士大夫系在外面的大带子，带子余下的部分垂在腰下作为装饰，称为"绅"。

译文

四位老弟左右：

昨天，收到二十七日来信，非常畅快，弟弟们在信中谈了很多事情而且所谈的事处处详细明白。四弟的七夕诗很好，意见已详细批在诗后面；从此多作诗也很好，但要有志有恒心，才有成就。我对于诗也下了工夫，只遗憾如今没有像韩昌黎和苏、黄这样的人参与发我这样的狂言。因人事应酬太多，所以不常作诗。用心思索，就时刻不敢忘。

我们这些人只有进德、修业两件事靠得住。进德，指孝、悌、仁、义的品德；修业，指写诗、作文、写字的本领。这两件事可以由我等做主。能进一尺，便是我自己的一尺；能进一寸，便是我自己的一寸。今天进一分德，便可算是积了一升谷；明天修一分业，又算多余了一文钱。德和业都增进，那么家业就会一天天兴旺起来。至于富贵功名，都由命运决定，一点也不能自主。过去某官员有一个门生，是本省学政，便把两个孙儿托他帮忙，当面拜为门生。后来，那两个孙儿在临考时大病一场，到了科考又因父母故去而有孝在身，不能入学。几年后，两人才都入学，大的仍旧得两榜。可见入学迟早，入学时间都是生前注定。考的方面虽尽其在我，但取的方面听其在天，万万不要产生妄想。六弟天分比诸位弟弟更高些，今年没有考取，不免气愤埋怨。但到了这一步应该自己将自己衡量一番，加强卧薪尝胆的功夫，切不可以因气愤而荒废学业。

九弟劝我治家的方法，很有道理，很高兴、很安慰！自从荆七被派去以后，家里也还整齐，等率五回来便知道。《尚书》道："不是认识事物难，而认识了去实行更难。"九弟所说的道理，我深有体会，但为人不能太严厉，使人像望着神一样。自此以后，当以九弟的批评为座右铭，时刻警惕反省。季弟天性诚笃厚实，正像四弟说的，怎样都可以！要求我指示读书方法和进德的途径，我在别的纸上一一列出。其余不多写。

国藩手草。

道光二十四年八月二十九日

致诸弟·劝弟切勿恃才傲物

原文

四位老弟足下：

吾人为学，最要虚心。尝见朋友中有美材者，往往恃才傲物，动谓人不如己，见乡墨则骂乡墨不通，见会墨则骂会墨不通，既骂房官，又骂主考，未入学者，则骂学院。平心而论，己之所为诗文，实亦无胜人之处；不特无胜人之处，而且

名师按语

①秉承谦虚的精神，端正态度，客观地审视自身的缺点与不足，才能有所进步。

②嚣嚣：喧哗、吵闹。此处比喻沸沸扬扬。

③不售：不第。

有不堪对人之处。只为不肯反求诸己，便都见得人家不是，既骂考官，又骂同考而先得者。傲气既长，终不进功，所以潦倒一生，而无寸进也。

①余平生科名极为顺遂，惟小考七次始售。然每次不进，未尝敢出一怨言，但深愧自己试场之诗文太丑而已。至今思之，如芒在背。当时之不敢怨言，诸弟问父亲、叔父及朱尧（yáo）阶便知。盖场屋之中，只有文丑而侥幸者，断无文佳而埋没者，此一定之理也。

三房十四叔非不勤读，只为傲气太胜，自满自足，遂不能有所成。京城之中，亦多有自满之人，识者见之，发一冷笑而已。又有当名士者，鄙科名为粪土，或好作诗古，或好讲考据，或好谈理学，②嚣嚣（xiāo）然自以为压倒一切矣。自识者观之，彼其所造曾无几何，亦足发一冷笑而已。故吾人用功，力除傲气，力戒自满，毋为人所冷笑，乃有进步也。诸弟平日皆恂恂退让，弟累年小试③不售，恐因愤激之久，致生骄惰之气，故特作书戒之。务望细思吾言而深省焉，幸甚幸甚！

国藩手草。

道光二十四年十月二十一日

译文

四位老弟足下：

我们研究学问最重要的是虚心。我曾看见朋友中有好的人才，经常自恃有才能而傲视一切，动不动就说别人不如自己。见了考取举人的文章便说人家的文章不通，见了考取进士的文章也说人家的文章不通。既骂房官，又骂主考，没有入学的便骂学院。平心静气而论，他自己所作的诗或文，实在没有过人之处，不仅没有超越别人的地方,而且还有不如别人的地方。只是因为不肯用对待别人的尺度反过来衡量自己,便觉得别人不行。既骂考官,又骂同考先考取的。傲气这么大,却始终不追求进步,所以潦倒一生,没有一寸长进。

我平生在科名方面非常顺利,只是小考考了七次才成功。但每次不中,我没有说过一句怨言,只是为自己考试时所作诗文太丑而深感惭愧罢了。今天想起来,依然如芒刺在背。那时不敢发怨言的情形,弟弟们问父亲、叔父和朱尧阶便知道了。因为考场里,只有文章丑陋而侥幸得中的,绝对没有文章好而被埋没的,这是有一定道理的。

三房十四叔不是不勤读,只因傲气太盛,自满自足,便不能有所成就。京城之中,也有不少自满的人,有见识的人看见他们,只是发出一声冷笑而已。又有当名士的,把科名看得和粪土一样,或者喜欢作点儿古诗,或者搞点儿考据,或者好讲理学,沸沸扬扬自以为压倒一切。有学识的人见了,认为他们的成就也没有多少,也只好冷笑一声罢了。所以我们用功,去掉傲气,力戒自满,不为别人所冷笑,才是有进步。弟弟们平时都谨慎退让,但多年小考没有中,担心弟弟们因为愤激已久,以致产生骄惰的习气,所以特意写信告诫。务望你们仔细想想我说的话而使自己深刻醒悟,幸甚幸甚!

国藩手草。

道光二十四年十月二十一日

致诸弟·劝宜力除牢骚

原文

澄侯、温甫、子植、季洪四弟足下:

日来京寓大小平安,癣疾又已微发,幸不为害,听之而已。湖南榜发,吾邑

名师按语

①典丽鹬皇：华丽堂皇。

②息肩：减少负担。

③举例子说明怨天尤人的心态会导致其后诸多不顺，且对养生不利，务必去除。

④钦差：由皇帝特旨，差遣办理某事的人。

竟不中一人。沅弟书中，言温弟之文，①典丽鹬（yù）皇，亦尔被抑，不知我诸弟中将来科名究竟何如？以祖宗之积累，及父亲、叔父之居心立行，则诸弟应可多食厥报。以诸弟之年华正盛，即稍迟一科，亦未遽为过时。特兄自近年以来，事务日多，精神日耗，常常望诸弟有继起者，长住京城，为我助一臂之力。且望诸弟分此重任，余亦欲稍稍②息肩，乃不得一售，使我中心无倚。

盖植弟今年一病，百事荒废，场中之患眼疾，自难见长。温弟天分，本甲于诸弟，惟牢骚太多，性情太懒，前在京华，不好看书，又不作文，余心即甚忧之。近闻还家后，亦复牢骚如常，或数月不搦（nuò）管为文。吾家之无人继起，诸弟犹可稍宽其责，温弟则实自弃，不得尽诿其咎于命运。

③吾尝见友朋不中牢骚太甚者，其后必多抑塞，如吴檀台、凌荻舟之流，指不胜屈。盖无故而怨天，则天必不许；无故而尤人，则人必不服。感应之理，自然随之。温弟所处，乃读书人中最顺之境，乃动则怨尤满腹，百不如意，实我之所不解。以后务宜力除此病，以吴檀台、凌荻舟为眼前之大戒。凡遇牢骚欲发之时，则反躬自思，吾果有何不足，而蓄此不平之气，猛然内省，决然去之。不惟平心谦抑，可以早得科名，亦且养此和气，可以消减病患。万望温弟再三细想，勿以吾言为老生常谈，不直一哂也。

王晓林先生为④钦差，昨有旨命其署江西巡抚，余署刑部，恐须至明年乃能交卸。袁漱六昨又生一女，凡四女，已殇（shāng）其二，又丧其兄，又丧其弟，又一差不得，甚矣穷翰林之难当也！黄麓西由江苏引入京，迥

曾国藩的智慧

非昔日初中进士时气象,居然有经济才。

王衡臣于闰月初九引见,以知县用,后于月底搬寓下洼一庙中,竟于九月初二夜无故遽卒。先夕与同寓文任吾谈至二更,次早饭时,讶其不起,开门视之,则已死矣。死生之理,善人之报,竟不可解。

邑中劝捐弥补亏空之事,余前已有信言之。万不可勉强勒派。我县之亏,亏于官者半,亏于书吏者半,而民则无辜也。⑤向来书吏之中饱,上则吃官,下则吃民,名为包征包解,其实当征之时,是以百姓为鱼肉而吞噬之;当解之时,则以官为雉媒而拨弄之。官索钱粮于书吏之手,犹索食于虎狼之口,再四求之,而终不肯吐,所以积成巨亏。并非实欠在民,亦非官之侵蚀入已也。

今年父亲大人议定粮饷之事,一破从前包征包解之陋风,实为官民两利,所不利者,仅书吏耳。即见制台留朱公,亦造福一邑不小,诸弟皆宜极力助父大人办成此事。惟捐银弥亏,则不宜操之太急,须人人愿捐乃可。若稍有勒派,则好义之事,反为厉民之举,将来或翻为书吏所藉口,必且串通劣绅,仍还包征包解之故智,万不可不预防也。

梁侍御处银二百,月内必送去,凌宅之二百,亦已兑去。公车来,兑六七十金为送亲族之用,亦必不可缓,但京寓近极艰窘,此外不可再兑也。

邑令既与我家商办公事,自不能不往还,然诸弟苟可得已,即不宜常常入署。陶、李二处,容当为书。本邑亦难保无假名请托者,澄弟宜预告之。

国藩手草。

咸丰元年九月初五日

名师按语

⑤曾氏对官场风气了如指掌,指出官府中各级办事人员欺上瞒下、弄虚作假,是官场腐败的重要表现。

译文

澄侯、温甫、子植、季洪四弟足下：

近来京城家里大小平安，我的癣疾又开始发作，幸亏还不太厉害，顺其自然。湖南的榜已发，我们县一个也没有中。沅弟信中，说温弟的文章典丽鹓皇，也被压抑，不知道各位弟弟将来的科名究竟如何？以祖宗的积德，父亲、叔父的居心立行，则各位弟弟应该可以少受些挫折。各位弟弟年华正盛，就是稍微迟考一科，也不晚。只是愚兄近年以来事务日多，精神日耗，常常希望各位弟弟中有继之而起的人，常住京城，助我一臂之力。希望各位弟弟分些重任，我也想稍微休息一下，却不能实现，使我心里感到甚无倚靠。

植弟今年一病，百事荒废，考场中又患眼疾，自难见长。温弟的天分，在弟弟中算第一，只是牢骚太多，性情太懒，以前在京城不喜欢看书，又不习作文章，我非常担心他。近来听说他回家后，还是经常发牢骚，或者几个月不提笔作文。我家之所以无人继起，各位弟弟的责任较轻，而温弟实在是自暴自弃，不能把责任全部归咎到命运。

我常常看见朋友中牢骚太多的人，后来一定抑塞。如吴檀台、凌荻舟之流，数也数不清。因为无缘无故而怨天，天也不会答应；无缘无故而尤人，人也不会服。感应之理，自然随之。温弟所处的环境，是读书人中最顺遂的境遇。然而，他却动不动就怨尤满腹，百般不如意，实在使我不理解。温弟一定要努力去掉这个毛病，以吴檀台、凌荻舟为大戒。凡遇到要发牢骚时，就反躬自省，我一定有哪些不足，从而积蓄了这不平之气，猛然内省，决然去掉。不仅平心谦抑，可以早得科名，而且养此和气，也可以消解减少病痛。万望温弟再三细想，不要认为我的话是老生常谈，不值得理会。

王晓林先生为钦差，昨天有圣旨，命他署理江西巡抚，我署理刑部，恐怕要到明年才能交卸。袁漱六昨天又生一女，共四女，已死了两个，又丧了兄长，又丧了弟弟，又一个差事不得，唉！翰林真是太难当了。黄麓西由江苏引荐入京，与过去初中进士时的气象迥然不同，他居然有经济才能。

王衡臣在闰月初九被引荐，并任命为知县，后来在月底搬到下洼一个庙里住，竟在九月初二日晚无缘无故死了。前一天晚上，还和同住的文任吾谈到二

更。第二天早饭时，文任吾奇怪他不起床，打开门一看，已经死了。生与死的道理，好人的这种报应，真不可解。

家乡劝捐，弥补亏空的事，我前不久有信说到。万万不可以勉强勒派。我县的亏空，亏于官员的占一半，亏于书吏的占一半，老百姓是无辜的。书吏从来都是中间得利，上面吃官，下面吃民，名义上是包征包解，其实当征的时候，便把百姓当作鱼肉而吞吃。当解送的时候，又以官为招引的雌媒而从中拨弄。官员索取钱粮于书吏手上，好比从虎狼口里讨食，多次请求，还是不肯吐，所以积累成大亏。并不是百姓有所亏欠，也不是官员自己侵吞了。

今年父亲议定粮饷的事，一破从前包征包解的陋习，实在是官民两利，所不利的，只是书吏。就是见制台留朱公，对小县邑造福也不小，各位弟弟应该尽力帮助父亲大人办成这件事。只是捐钱补亏空一事不能操之过急，一定要人人自愿捐才行。如果稍微有勒派，那么一件好的事反而成了胁迫百姓的举动，将来可能反而被书吏找到借口，并且必然串通劣绅，闹着要恢复包征收包解送的旧律，千万不可不早加防备。

梁侍御处的银子二百两，月内一定要送去。凌宅的二百两，也已经兑去。官车来，兑六七十两为送亲族用，也一定不能迟缓了。但京城家里近来非常窘迫，除上述几处不可再兑。

县令既然已经和我们家商办公事，自然不能不往还，然而弟弟们如果可以的话，最好不要经常去县署。陶、李二人那里，应该去信。我县也难保没有假借请托的人，澄弟应该预先告诉他们。

国藩手草。
咸丰元年九月初五日

曾国藩的智慧

致九弟·做人须有恒心

原文

沅甫九弟左右：

十二日正七、有十归，接弟信，备悉一切。定湘营既至三曲滩，其营官成章鉴亦武弁（biàn）中之不可多得者，弟可与之款接。

来书谓"意趣不在此，则兴会索然"，此却大不可。凡人做一事，便须全副精神注在此一事，首尾不懈。不可见异思迁，做这样想那样，坐这山望那山。人而无①恒，终身一无所成，我生平坐犯无恒的弊病，实在受害不小。当翰林时，应留心诗字，则好涉猎他书，以纷其志；读性理书时，则杂以诗文各集，以歧其趋。在六部时，又不甚实力请求公事。在外带兵，又不能竭力专治军事，或读书写字以乱其志意。坐是垂老而百无一成，即水军一事，亦掘井九仞而不及泉，弟当以为鉴戒。

现在带勇，即埋头尽力以求带勇之法，早夜②孜孜，日所思，夜所梦，舍带勇以外则一概不管。不可又想读书，又想中举，又想做州县，纷纷扰扰，千头万绪，将来又蹈我之覆辙，百无一成，悔之晚矣。

带勇之法，以体察人才为第一，整顿营规、讲求战守次之。《得胜歌》中各条，一一皆宜详求。至于口粮一事，不宜过于忧虑，不可时常发禀。弟营既得楚局每月六千，又得江局每月二三千，便是极好境遇。李希庵十二来家，言迪庵意欲帮弟饷万金。又余有浙盐赢余万五千两在江省，昨盐局专丁前来禀询，余嘱其解交藩库充饷，将来此款或可酌解弟营，但弟不宜指请耳。

名师按语

①恒：即恒心。

②孜孜：勤勉，努力不懈的样子。

饷项既不劳心,全副精神讲求前者数事,行有余力则联络各营,款接绅士。身体虽弱,却不宜过于爱惜。精神愈用则愈出,阳气愈提则愈盛。每日做事愈多,则夜间临睡愈快活。若存一爱惜精神的意思,将前将却,奄奄无气,决难成事。——凡此,皆因弟兴会索然之言而切戒之者也。

弟宜以李迪庵为法,不慌不忙,盈科后进,到八九个月后,必有一番回甘滋味出来。

余生平坐无恒流弊极大,今老矣,不能不教诫吾弟吾子。

邓先生品学极好,甲三八股文有长进,亦山先生亦请邓改文。亦山教书严肃,学生甚为畏惮。吾家戏言戏动积习,明年吾在家,当与两先生尽改之。

下游镇江、瓜洲同日克复,金陵指日可克。厚庵放闽中提督,已赴金陵会剿,准其专折奏事。九江亦即日可复。大约军事在吉安、抚、建等府结局,贤弟勉之。吾为其始,弟善其终,实有厚望。若稍参以客气,将以殒志,则不能为我增气也。营中哨队诸人气尚完固否? 下次祈书及。

咸丰七年十二月十四日

译文

沅甫九弟左右:

十二日,正七、有十回来,我接到弟弟的信,知道一切,定湘营已经到三曲滩,营官成章鉴,是武官中不可多得的人才,弟弟可与他结交。

来信说你意趣不在这里,所以干起来索然寡兴,这是万万行不得的。凡是做一件事,必须全部精神去做,全神贯注这件事,自始至终不松懈,不能见异思迁,做这件事,想那件事,坐这山,望那山。人没有恒心,一生都不会有成就。我生平因为犯没有恒心的毛病,实在受害不小。当翰林时,本应该留心诗、字,却喜欢涉猎其他书籍,分散了心志。读性理方面的书时,又杂以诗文各集,使学习的路子歧异。在六部时,又不太用全力去办好公事。在外带兵,又不能竭力专心治理军事,或者读书写字,乱了意志。这样,人老了,百事却无一成功。就是水军这件事,也是掘井九仞而不及泉。弟弟应当以我为鉴戒。

现在带兵，就是埋头苦干，尽心尽力，来求得带好兵的方法，日夜孜孜以求，日所思，夜所梦，除带兵一件事，其余一概不管。不可以又想读书，又想中举，又想做州官县令，纷纷扰扰，千头万绪，将来又走我的老路，百无一成，那时后悔也晚了。

带兵的方法，以体察人才为第一，整顿营规、讲求战守次之。《得胜歌》里说的各条，都要一一讲求。至于口粮，不要过于忧虑，不可时常发信禀报。弟弟营中既然得了湖北局每月的六千，又得江西局每月两三千，便是极好的待遇了。李希庵十二日来家，说迪庵想要帮助弟弟筹措军饷黄金万两。我在江西有浙江盐款盈余的一万五千两银子，昨天盐局派专人前来禀报询问，我嘱咐他解交藩库充当军饷，将来这笔钱，或者可以酌情解送弟弟军营，但弟弟不应该指明去要。

军饷的事情既然不用操心了，那么全部的精力都应集中在处理前面讲的几件事，如果有余力，可联络各营，款接绅士，身体虽弱，却不能过于爱惜；精神越用越精神；阳气越提越盛；每天做事越多，晚上睡觉时越快活。如果存一个爱惜精神的念头，想进又想退，奄奄没有中气，决难成事。这些都是因弟弟说索然寡兴而引发出来要你切戒的话。

弟弟要以李迪庵为榜样，不慌不忙，盈科后进，到八九个月以后，必有一番甜美的滋味出来。

我生平没有恒心的流弊极大，如今老了，不能不告诫我的弟弟、我的儿子。

邓先生品学极好，甲三八股文有进步，亦山先生也请邓先生批改文章。亦山教书严肃，学生很怕他。我家说话随便、行为不检点已成习惯，明年我在家，当和两位老师一同改正过来。

镇江、瓜洲同一天克复，金陵指日可攻下。厚庵放任闽中提督，已去金陵会剿，准许他专折奏事。九江也指日可复。大约战事在吉安、抚、建等府结束。贤弟勉之。我开头，弟弟完美地结束它，实在是我对你的殷切期望。如果稍微掺杂一点客气，将会败坏志气，就不能为我争气了。营中哨队那些人，士气还旺盛吗？下次请在信中提到。

咸丰七年十二月十四日

致九弟·注意平和二字

名师按语

原文

沅甫九弟左右：

春二、安五归，接手书，知营中一切平善，至为欣慰！次青二月以后，无信寄我，其眷属至江西，不知果得一面否？接到弟寄胡中丞奏伊入浙之稿，未知是否成行？顷得耆(qí)中丞十三日书，言浙省江山、兰溪两县失守，调次青前往会剿；是次青近日声光亦渐渐①脍炙人口。广信、衢州两府不失，似浙中终无可虑，未审近事究复如何？

广东探报，言逆夷有船至上海，亦恐其为金陵余孽所攀援；若无此等意外波折，则洪杨股匪，不患今岁不平耳。九江竟尚未克，林启荣之坚忍实不可及。闻麻城防兵于三月十日小挫一次，未知确否？弟于次青、迪庵、雪琴等处须多通音问，俾(bǐ)余亦略有见闻也。

兄病体已愈十之七八，日内并未服药，夜间亦能熟睡，至子丑以后则醒，是中年后人常态，不足异也。湘阴吴贞阶司马于二十六日来乡，是厚庵嘱其来一省视，次日归去。

余所奏报销大概规模一折，奉朱批"该部议奏"，户部于二月初九日复奏，言曾某某所拟尚属妥协云云。至将来需用部费，不下数万，闻杨、彭在华阳镇②抽厘，每月可得二万，系雪琴督同凌荫廷、刘国斌等经纪其事，其银归水营杨、彭两大股分用。余偶言可从此项下设法筹出部费，贞阶力赞其议，想杨、彭亦必允从。此款有

①脍炙人口：指学问事业被人所称颂。

②抽厘：清时设置厘卡以收取货税。

曾国藩的智慧

着,则余心又少一牵挂矣。

温弟尚在吉安否?前胡二等赴吉,余信中未道及温弟事。两弟相晤时,日内必甚欢畅。

温弟③丰神较峻,与兄之亢直简谔虽微有不同,而其难于谐世,则殊途而同归,余常用为虑。④大抵胸多抑郁,怨天尤人,不特不可以涉世,亦非所以养德,不特无以养德,亦非所以保身。中年以后,则肝肾交受其病,盖郁而不畅,则伤木;心火上烁,则伤水。余今日之目疾,及夜不成寐,其由来不外乎此。故于两弟时时以平和二字相勖,幸勿视为老生常谈,至要至嘱。

亲族往弟营者,人数不少,广厦万间,本弟素志。第善觇国者,睹贤哲在位,则卜其将兴;见冗员浮杂,则知其将替。善觇军者亦然,似宜略为分别,其极无用者,或厚给途费遣之归里,或酌赁民房令住营外,不使军中有惰漫喧杂之象,庶为得宜。

至屯兵城下,为日太久,恐军气渐懈,如雨后已弛之弓,三日已腐之馔,而主者晏然不知其不可用,此宜深察者也。附近百姓果有骚扰情事否?此亦宜深察者也。

咸丰八年三月三十日

名师按语

③丰神较峻:风貌神情严肃庄重。

④针对"胸多抑郁,怨天尤人"的病源,对症下药,以"平和"二字医治。

译文

沅甫九弟左右:

春二、安五回来,接到弟弟的手书,知道营中一切平善,非常欣慰!次青二月以后,没有信寄我,他的眷属到江西,不知道他们见过一面没有?弟弟寄来的胡中丞奏请你入浙的文稿,不知你是否去了?刚得着中丞十三日的信,说浙省江山、兰溪两县失守，调次青前去会剿。看来次青近来的名声也渐渐脍炙人口了。如果广信、衢州两府不失守，似乎浙中并不可虑，不知近来情形究竟如何？

广东探报，说洋人有船到上海，只怕那是金陵余孽拉来的援兵。如果没有这些意外的波折，那洪、杨之祸，不愁今年不平定。九江竟然还没有攻克，林启荣的坚忍实在是一般人难及的。听说麻城防守的士兵在三月十日小败一次，不知确实否？弟弟与次青、迪庵、雪琴等处要多通音信，让我也能多了解些情况。

愚兄的病已好了十之七八，近来没有吃药，晚上也可以熟睡，到午夜以后便醒来，这是中年人的常态，不足为奇。湘阴吴贞阶司马在二十六日来乡，是厚庵嘱咐他来看望的，第二天走了。

我所写的关于报销大概规模的奏折，奉朱批由户部议奏，户部在二月初九日复奏，说曾某某所拟的还比较妥当。将来需要动用部费，不少于几万两。听说杨、彭在华阳镇抽厘金，每月可得二万两，是雪琴督责并同凌荫廷、刘国斌等经手这件事，抽的厘金归水营杨、彭两军分用。我偶尔说可以从这个项目下设法筹出部费，贞阶很赞成，我想杨、彭也会允许的。这笔钱有了着落，我心里又少了一层牵挂。

温弟还在吉安吗？前些日子胡二等人去吉安，我信中未提到温弟的事。二位弟弟见面，想必非常欢畅。

温弟的风采神气比较外露，与为兄的傲慢、直言、俭朴、淡泊虽说小有区别，而就处世和谐来说，那是殊途而同归，都难以处世，我常常为此而焦虑。大概心里抑郁，怨天尤人的人，不仅不可以涉世，也不利于仁德的修养；不仅不利于仁德的修养，也不利于保养身体。我中年以后，就出现肝病、肾病，按中医的说法是郁而不畅，伤木；心火上烁，伤水。我现在的眼病和失眠之症都从这里滋生出来的。所以，弟弟们要时刻用"平和"二字互相勉励。不要当成老生常谈。至嘱至嘱！

亲戚族人去弟弟军营的，人数不少，安得广厦千万间，这本是弟弟素来的志愿。但是，善于观察国家大事的人，看见贤人智士在掌权，就可预见国家会兴旺；看见多余的官员庞杂相处，就可预卜国家会衰败。善于观察一个军队也是如此，似乎应该区别对待：很无能的，或者多送点路费，遣送回家；或租民房，让他们住在军营外面。不要让军营里出现惰慢、喧闹的现象，也许这样比较适宜。

至于屯兵城下，日子太久，恐怕士气会松懈，像雨后受潮已松弛的弓箭，像三天已腐烂的饭菜,带兵的人茫然不晓得已不能用了,这是要深自省察的。附近百姓真有遭到骚扰的情况吗? 这也是要深自省察的。

咸丰八年三月三十日

致四弟·不宜非议讥笑他人

原文

澄侯四弟左右:

①弟言家中子弟无不谦者,此却未然,余观弟近日心中即甚骄傲。凡畏人不敢妄议论者,谨慎者也;凡好讥评人短者,骄傲者也。

谚云:"富家子弟多骄,贵家子弟多傲。"非必锦衣玉食动手打人而后谓之骄傲也,但使志得意满,毫无②畏忌,开口议人短长,即是极骄极傲耳。余正月初四日信中言"戒骄字,以不轻非笑人为第一义;戒惰字,以不③晏起为第一义",望弟常常猛省,并戒子侄也。

咸丰十一年二月初四日

名师按语

①曾氏认为妄自评论别人的长短,是一种极骄傲的态度。

②畏忌:畏惧害怕。

③晏起:晚起。

译文

澄侯四弟左右:

弟弟说,家里子弟没有不谦和的,实际情况并非如此,我看弟弟近日心中就特别骄傲。因为惧怕别人而不敢妄加议论别人的,是谨慎谦和的人。喜欢讽刺批评别人短处的人,属于骄傲的人。

谚语说:"富家子弟多骄,贵家子弟多傲。"不是一定要锦衣玉食、动手打人才叫骄傲,只要自己感到得志,感到满意,没有畏忌,开口便议人短长,就是极骄极傲了。我正月初四日信里,说了"戒骄字,要以不轻易非议讥笑别人为第一要义;戒惰字,要以早起为第一要义",希望弟弟常常猛省,并且告诫子弟。

咸丰十一年二月初四日

致九弟季弟·做人须清廉谨慎勤劳

名师按语

原文

沅(yuán)、季弟左右:

帐棚即日赶办,大约五月可解六营,六月再解六营,使新勇略得却暑也。小抬枪之药与大炮之药,此间并无分别,亦未制造两种药。以后定每月解药三万斤至弟处,当不致更有缺乏。

王可升十四日回省,其老营十六可到,到即派往芜湖,免致南岸中段空虚。

①遽期:短期,很快。

②别人的毛病易于发现,自己的毛病则难看见,要多多自省。

雪琴与沅弟嫌隙已深,难①遽期其水乳。沅弟所批雪信稿,有是处,亦有未当处。弟谓雪声色俱厉。②凡目能见千里,而不能自见其睫,声音笑貌之拒人,每苦于不自见,苦于不自知。雪之厉,雪不自知;沅之声色,恐亦未始不厉,特不自知耳。曾记咸丰七年冬,余咎骆文耆待我之薄,温甫则曰:"兄之面色,每予人以难堪。"又记十一年春,树堂深咎张伴山简傲不敬,余则谓树堂面

名师按语

色亦拒人于千里之外。观此二者,则沅弟面色之厉,得毋似余与树堂之不自觉乎?

余家目下鼎盛之际,余忝窃将相,沅所统近二万人,季所统四五千人,近世似此者,曾有几家?沅弟半年以来,七拜君恩,近世似弟者曾有几人? 日中则昃(zè),月盈则亏,吾家亦盈时矣。管子云:"斗斛满则人③概之,人满则天概之。"余谓天概之无形,仍假手于人以概之。霍氏盈满,魏相概之,宣帝概之;诸葛恪盈满,孙峻概之,吴主概之。④待他人之来概而后悔之,则已晚矣。吾家方丰盈之际,不待天之来概、人之来概,吾与诸弟当设法先自概之。

③概:刮平、削平。

④时刻警戒,以"廉、谦、劳"自我抑制,以免惹祸上身,贻害子孙。

自概之道云何?亦不外清、慎、勤三字而已。吾近将清字改为廉字,慎字改为谦字,勤字改为劳字,尤为明浅,确有可下手之处。沅弟昔年于银钱取与之际不甚斟酌,朋辈之讥议菲薄,其根实在于此。去冬之买犁头嘴、栗子山,余亦大不谓然。以后宜不妄取分毫,不寄银回家,不多赠亲族,此廉字工夫也。谦字存诸中者不可知,其著于外者约有四端:曰面色,曰言语,曰书函,曰仆从属员。沅弟一次添招六千人,季弟并未禀明径招三千人,此在他统领所断做不到者,在弟尚能集事,亦算顺手。而弟等每次来信,索取帐棚子药等件,常多讥讽之词,不平之语。在兄处书函如此,则与别处书函更可知已。沅弟之仆从随员颇有气焰,面色言语与人酬接时吾未及见,而申夫曾述及往年对渠之词气,至今饮憾。以后宜于此四端痛加克治,此谦字工夫也。每日临睡之时,默数本日劳心者几件,劳力者几件,则知宣勤王事之处无多,更竭诚以图之,此劳字工夫也。

余以名位太隆,常恐祖宗留贻之福自我一人享尽,

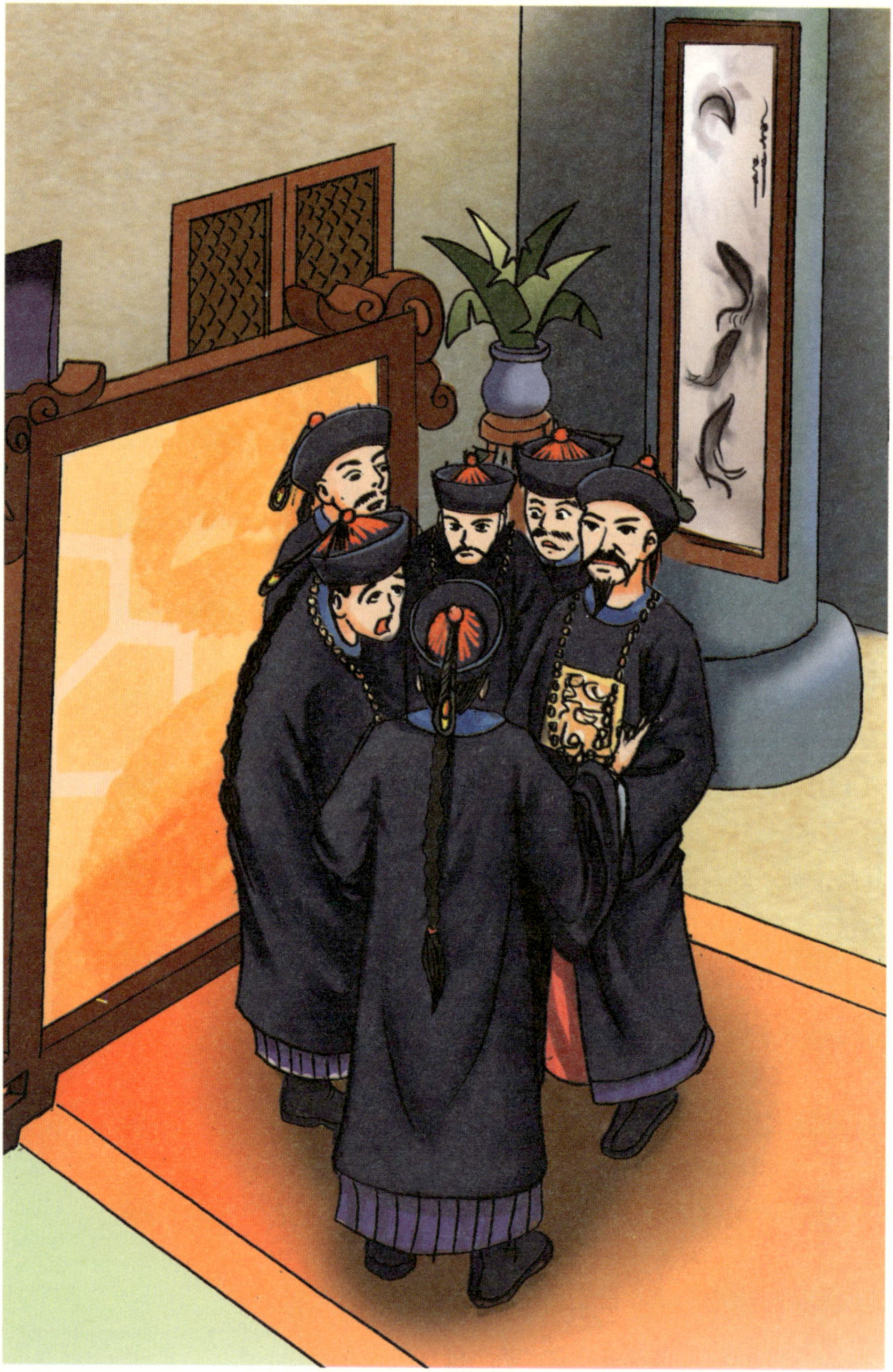

曾国藩的智慧

故将劳、谦、廉三字时时自惕,亦愿两贤弟之用以自惕,且即以自概耳。

湖州于初三日失守,可悯可敬。

同治元年五月十五日

译文

沅、季弟左右:

帐篷马上赶办,大约五月可以送到六个营,六月再送到六个营,使新兵略微可以避暑。小抬枪的火药和大炮的火药,这边并没有区别,也没有生产两种火药。以后决定每月解送火药三万斤到弟弟的军营,应该不会再发生缺火药的事了。

王可升十四日回省,他的老营十六日可以到,到了以后马上派往芜湖,以免南岸中段军力空虚。

雪琴和沅弟之间嫌隙已很深,一时难以使他们水乳交融。沅弟所批雪琴的文稿,有对的,也有不当之处。弟弟说雪琴声色俱厉。眼睛可以看千里,却不能看见自己。声音面貌拒人千里,往往糟就糟在自己看不见。雪琴的严厉,雪琴自己不知道。沅弟的声色,恐怕也未尝不严厉,仅仅是自己不知道罢了。曾记得咸丰七年冬天,我埋怨骆文耆待我太刻薄,温甫就说:"哥哥的脸色,常常令人难堪。"又记得十一年春,树堂深怨张伴山简傲不敬,我说树堂脸色也拒人于千里之外。看这两个例证,那沅弟脸色的严厉,是不是像我和树堂自己不明白一样呢?

我家正处鼎盛时期,我又窃居将相之位。沅弟统率的军队近两万人,季弟统率的军队四五千人,近代像这样情况的,曾经有过几家? 沅弟半年以来,七次拜谢君恩,近世像老弟你的又曾经有几人? 太阳到中午便要西落了,月亮圆时意味着会缺。我家也正是盈满的时候。管子曾说:"斗斛满了,由人去刮平;人自满了,由天去刮平。"我认为,天刮平是无形的,仍然要借人的手来刮平。霍氏盈满了,由魏相刮平,由宣帝刮平;诸葛恪盈满了,由孙峻刮平,吴主刮平。等到他人来刮平时,悔之晚矣! 我家正处在丰盈的时候,不应等天来刮平,也不坐等人来刮平,我与各位弟弟应当设法自己先刮平。

自己刮平的道理如何？也不外乎清、慎、勤三个字罢了。我近来把清字改为廉字，慎字改为谦字，勤字改为劳字，尤为明白浅显，确实便于执行。沅弟过去对于银钱的收与支，往往不大慎重，朋友们讥笑你、看轻你，根源就在这里。去年冬天买犁头嘴、栗子山，我也不大以为然。以后应当不妄取分毫，不寄钱回家，不多送亲族，这是廉字功夫。谦字存在心中的，别人不知道，但表现在外面的大约有四方面：一是脸色，一是言语，一是书信，一是仆从下属。沅弟一次招兵六千人，季弟不加请示就自招三千人，这是其他统领官绝对做不到的，在弟弟来说还真会办事，也算顺手。而弟弟每次来信，索取帐篷、火药等物，经常带讥讽的词句，不平的话语，给愚兄写信都这样，给别人的书信就可见一斑了。沅弟的仆人随员很有气焰，脸色言语与人应酬接触之时我没有看见，而申夫曾经说过，往年你的仆从对他的语气，至今感到遗憾！以后应该在这四个方面痛加改正，这就是谦字功夫。每日临睡前，默数当天劳心的事几件，劳力的事几件，就知道为王事勤勉操劳得还不够，更应该竭尽心力，加倍努力，这就是劳字功夫。

我因名声太大、地位太高，经常害怕祖宗积累遗留给我辈的福泽由我一个人享受殆尽，所以用劳、谦、廉三字时刻警惕，也愿两位贤弟用以警惕，自己刮平自己。

湖州在初三日失守，可悯又可为训鉴！

同治元年五月十五日

致九弟季弟·必须自立自强

原文

沅弟、季弟左右：

沅于人概天概之说，不甚措意，而言及势利之天下，强凌弱之天下，此岂

曾国藩的智慧

自今日始哉？盖从古已然矣。

从古帝王将相，无人不由自立自强做出。即为圣贤者，亦各有自立自强之道，故能独立不惧，确乎①不拔。余往年在京，好与有大名大位者为仇，亦未始无挺然特立不畏强御之意。

②近来见得天地之道，刚柔互用，不可偏废，太柔则靡，太刚则折。刚非暴虐之谓也，强矫而已；柔非卑弱之谓也，谦退而已。趋事赴公则当强矫，争名逐利则当谦退；开创家业则当强矫，守成安乐则当谦退；出与人物应接则当强矫，入与妻孥(nú)享受则当谦退。

若一面建功立业，外享大名，一面求田问舍，内图厚实。二者皆有盈满之象，全无谦退之意，则断不能久。此余所深信，而弟宜默默体验者也。

同治元年五月二十八日

名师按语

①不拔：不可动摇。

②处世为人应懂得刚柔并济的道理，才能进退自如、游刃有余。

译文

沅弟、季弟左右：

沅弟对于人刮平、天刮平的说法，不以为然，而说到势利的天下，以强凌弱的天下，难道是从今天才开始的吗？那是自古以来就如此的事。

古代的帝王将相，没有一个人不是由自强自立做出来的。就是圣人、贤者，也各有自强自立的道路。所以能够独立而不惧怕，确定而坚忍不拔。我往年在京城，喜欢与有大名声、有大地位的人结仇，也并不是没有傲然自立、不畏强暴的意思。

近来悟出天地间的道理，刚柔互用，不可偏废。太柔就会颓废，太刚就会折断。刚不是暴虐的意思，强行矫正罢了；柔不是卑下软弱的意思，谦虚退让罢了。办事情、赴公差要强矫，争名夺利要谦退；开创家业要强矫，守成安乐要谦退；出外与别人应酬接触要强矫，在家与妻儿享受要谦退。

如果一方面建功立业,外享盛名,一方面又要买田建屋,追求厚实舒服的生活。那么,两方面都有满盈的征兆,完全缺乏谦退的念头,那绝不能长久。这是我所深信不疑的,而弟弟们应该默默体会!

同治元年五月二十八日

致九弟·望勿各逞己见

名师按语

原文

沅弟左右:

　　此次洋枪合用,前次解去之百支果合用否?如有不合之处,一一指出。盖前次以大价买来,若过于吃亏,不能不一一与之申说也。吾因近日办事,名望关系不浅,以鄂中疑季之言相告,弟则谓我不应述及。外间①指摘吾家昆弟过恶,吾有所闻,自当一一告弟,明责婉劝,有则改之,无则加勉,岂可秘而不宣?

　　鄂之于季,自系有意与之为难。名望所在,是非于是乎出,赏罚于是乎分,即饷之有无,亦于是乎判。去冬金眉生被数人参劾后,至抄没其家,妻孥中夜露立,岂果有万分之恶哉?亦因名望所在,赏罚随之也。

　　②众口悠悠,初不知其所自起,亦不知其所由止。有才者忿疑谤之无因,而悍然不顾,则谤且日腾;有德者畏疑谤之无因,而抑然自修,则谤亦日熄。吾愿弟等之抑然,不愿弟等之悍然;愿弟等敬听吾言,手足式好,同御外侮,不愿弟等各逞己见,于门内计较其雌雄,反

①指摘:挑出错误缺点,加以批评。

②面对他人的指责,应该加强自我修养,而不应该置若罔闻。

曾国藩的智慧

忘外患。

至阿兄忝(tiǎn)窃高位，又窃虚名，时时有颠坠之虞。吾通阅古今人物，似此名位权势，能保全善终者极少。深恐吾全盛之时，不克③庇荫弟等，吾颠坠之际，或致连累弟等，惟于无事时，常以危词苦语互相劝诫，庶几免于大戾耳。

同治元年六月二十日

名师按语

③庇荫：保护。

译文

沅弟左右：

这回的洋枪合用，前次解送去的一百支合用吗？如果不合用，要一一指出来。因为前次的枪是花大价钱买来的，如果太吃亏，不能不向对方一一申说明白。我因为近来办事有些名望，接触范围不小，以湖北怀疑季弟的说法相告，弟弟说我不应该谈到这些。外面指责我家昆弟的过失，我听了，自然一五一十告诉弟弟，明白责备、委婉劝告，有则改之，无则加勉，怎么可以隐藏而不说出来呢？

湖北的事对于季弟来说，自然是有人有意与他为难。名望所在，是非便出来了，赏罚便分明了，就是军饷的有无，也在这里判断。去年冬天金眉生被几人参奏弹劾以后，抄没财产，妻子和儿子半夜站在露天之地，这难道是十恶不赦的罪过吗？也是因为名望太大，赏罚也跟着来了。

众口悠悠，你不知道从何而起，也不知道如何能停止。有才能的人愤恨这种没有根据的毁谤，悍然不顾，但毁谤仍旧沸沸扬扬。有德的人害怕这种没有根据的毁谤，压抑自己，继续修德，毁谤也就逐渐平息。我希望弟弟取抑然自修的办法，不希望你取悍然不顾的态度。弟弟们要认真听我的意见，兄弟们态度一致，共同抵御外患。不希望弟弟们各逞己见，于门户之内计较胜负，反而忘了外患。

为兄窃居高位，窃取虚名，时刻都有颠覆堕落的危险。我通观古今人物，像这样的名位、权势，能够保全、得到善终的人极少。我深怕在我全盛的时刻，不能庇护荫泽弟弟们，到我堕落的时候，却又连累你们。只有在平安无事的时候，常常用危词苦语互相劝诫，也许可以免于大难吧！

同治元年六月二十日

致四弟·与官相见以谦谨为主

名师按语

原文

澄弟左右：

沅弟金陵一军危险异常，伪忠王率悍贼十余万昼夜猛扑，洋枪极多，又有西洋之落地开花炮，幸沅弟小心坚守，应可保全无虞。鲍春霆(tíng)至芜湖养病，宋国永代统宁国一军，分六营出剿，小挫一次。春霆力疾回营，凯章全军亦赶至宁国守城，虽病者极多，而鲍、张合力，此路或可保全。又闻贼于东坝抬船至宁郡诸湖之内，将图冲出大江，不知杨、彭能知之否？若水师安稳，则全局不至决裂耳。

来信言余于沅弟，既爱其才，宜略其小节，甚是甚是。沅弟之才，不特吾族所少，即当世亦不多见。然为兄者，总宜奖其所长，而兼规其短，若明知其错，而一概不说，则非特沅一人之错，而一家之错也。

吾家于本县父母官，不必力赞其贤，不可力诋其非。与之相处，宜在若远若近、不亲不疏之间。渠有①庆吊吾家必到；渠有公事，须绅士助力者，吾家不出头，亦

①庆吊：指喜事及丧事。

曾国藩的智慧

不躲避。渠于前后任之交代，上司衙门之请托，则吾家丝毫不可与闻。弟既如此，并告子侄辈常常如此。子侄若与官相见，总以谦谨二字为主。

同治元年九月初四日

译文

澄弟左右：

沅弟在金陵的军营危险异常。伪忠王率领十余万人日夜猛扑，洋枪极多，又有西洋的落地开花炮。幸亏沅弟小心坚守，应该可以保全无忧了。鲍春霆到芜湖养病，宋国永代替他统率宁国一军，分六营进攻，小败一次。春霆不顾病体，急速回营，凯章全军也赶到宁国守城，虽然患病的士兵很多，而鲍、张联合作战，这一路大概可以保全。又听说敌人在东坝抬船到宁郡附近湖内，企图冲出大江，不知道杨、彭清楚不清楚？如果水师安稳，全局就不至于崩溃。

来信说我对沅弟，既然爱他的才华，就要忽略不计较他的小节，很对很对！沅弟的才能，不仅我家族中少有，在当今世上也不多见。然而做兄长的，总应该奖励他的长处，规劝他的短处。如果明知他错了，却一概不说，那不只是沅弟一人之错，而成了我一家之错了。

我家对本县父母官，不必去称赞他的贤良，也不可去说他的不是。与他相处，以保持若远若近、不亲不疏的距离为适宜。他有庆吊的事，我家必到。他有公事需要绅士帮助的，我家不出头，但也不躲避。他们前后任的交替，上司衙门的请求委托，我家千万不要参与其中。弟弟应当如此行事，并要告诉子侄们都要这样做。子侄们与官员相见，总要以谦、谨二字为主。

同治元年九月初四日

致九弟·述治事宜勤军

名师按语

①邵子：即宋代哲学家邵雍。

②穑：收割庄稼。

原文

沅弟左右：

弟读①邵子诗，领得恬淡冲融之趣，此是襟怀长进处。自古圣贤豪杰、文人才士，其志事不同，而其豁达光明之胸襟大略相同。以诗言之，必先有豁达光明之识，而后有恬淡冲融之趣。如李白、韩退之、杜牧之则豁达处多，陶渊明、孟浩然、白香山则冲淡处多。杜、苏二公无美不备，而杜之五律最冲淡，苏之七古最豁达，邵尧夫虽非诗之正宗，而豁达、冲淡二者兼全。吾好读《庄子》，以其豁达足益人胸襟也。去年所讲"生而美者，若知之若不知之，若闻之若不闻之"一段，最为豁达。推之即舜禹之有"天下而不与"，亦同此襟怀也。

吾辈现办军务，系处功利场中，宜刻刻勤劳，如农之力②穑（sè），如贾之趋利，如篙工之上滩，早作夜思，以求有济。而治事之外，此中却须有一段豁达冲融气象，二者并进，则勤劳而以恬淡出之，最有意味。余所以令刻"劳谦君子"印章与弟者，此也。

无为之贼十九日围扑庐江后，未得信息。春霆二十一日尚在泥汊，顷批令速援庐江。

少荃已克复太仓州，若再克昆山，则苏州可图矣。吾但能保沿江最要之城隘，则大局必日振也。

同治二年三月二十四日

曾国藩的智慧

沅弟左右：

弟弟读邵子诗，领会到他诗中恬淡冲融的趣味，这说明你襟怀有了长进。自古以来，圣贤豪杰、文人才士，他们的志趣虽不同，但他们豁达光明的胸襟大体都一样。以诗来说，一定要先有豁达光明的见识，然后才能有恬淡冲融的趣味。李白、韩退之、杜牧之，豁达的地方多一些；陶渊明、孟浩然，白香山，冲淡的地方多一些。杜、苏二公无美不备，而杜公的五言律诗最冲淡，苏公的七言古诗最豁达。邵尧夫虽然不是诗的正宗，但豁达冲淡，两者兼而有之。我喜欢读《庄子》，其中的豁达能够使人的胸襟更加广阔。去年我说"生而美好的，好像知道好像不知道，好像听到好像没有听到"那一段，最为豁达。推而广之，舜、禹的有"天下而不在乎"，也是这样的襟怀。

我们现在处理军务，是身处功利场中，应该时刻勤劳，像农夫那样努力耕作，像商贾那样追求利润，像船工那样背纤走上滩，没日没夜，求的是有一个好结果。工作辛劳之余，便有一种豁达冲融的气象，两方面同时前进，那么，勤劳的事情，会处置得恬淡，最有意味。我之所以叫人刻一个"劳谦君子"的印章给弟弟，就是这个意思。

无所作为的叛贼在十九日围扑庐江后，便没有了消息。春霆二十一日还在泥汉，不久便得令支援庐江去了。

少荃已经克复太仓州，如果再攻克昆山，苏州克复则指日可待。我军只要能保住沿江最重要的城市和关隘，那么大局就一定会一天天好起来。

同治二年三月二十四日

赏析·启示

曾国藩的修身之道是贯穿其思想的灵魂,包括很多方面的内容:一是勤奋努力,持之以恒。曾国藩自小受到祖父和父亲的督促,养成了勤奋刻苦、持之以恒的品格。他希望弟弟们也能脚踏实地地提高自身的修养,积累丰富的学识;二是谦虚谨慎,淡看得失。官场复杂,稍不留神就可能丢官舍命,曾国藩明白其中的利害,他自己处处低调收敛,不露锋芒甚至韬光养晦。他对自己的家人子弟,也总不厌其烦地告诫,希望他们要谦虚谨慎、知祸惜福,勿要夜郎自大、逞强逞能。三是谨慎独处,不断自省。"慎独"是在独处独知中谨慎不苟,是修身的最高境界。曾氏始终以"进德修业"自励,致力于品德和学业上的奋发进取,体现出一种自我修养的强大力量。

本篇所选文章或长或短,形式自由,不落俗套,随想而至,感情真挚,毫无矫揉造作之态。曾氏修身见解独到,卓然自成一家,对我们修身处世有一定的启示和教育意义。

学习·拓展

冠礼

古代男子成年时举行的加冠(帽子)的仪式。冠礼的前三天要选择吉日和负责加冠之人。冠礼多在宗庙中举行,由父亲或是长兄主持,并由指定的贵宾给行冠礼的青年加冠三次,先后加缁布冠、皮弁、爵弁,分别表示有治人、服兵役、参加祭祀的权利。每加一次冠,贵宾都要对冠者致祝词,并赐一个与俊士德行相当的美"字"。因为男子二十岁行冠礼,所以后世将二十岁称作"弱冠"。

治家篇

　　一个家族能够兴盛不衰、人才辈出，离不开良好的家族传统和家庭氛围。我国古代特别重视"齐家"、"治家"，以儒家的标准来治理家风，目的就是协调家庭关系，创造一个理想的家庭生活环境，使家庭成员受到熏陶。

　　曾国藩祖辈世代为农，是个四世同堂的大家庭。大家庭要兴旺、和睦，家族成员之间必须和睦相处。曾国藩的祖父曾玉屏治家有方，创立完善了一系列治家规范，要求家人遵守；父亲曾竹亭事亲至孝。这些良好的家风美德，于有形无形之中，对曾国藩均有极大的影响。

　　曾国藩吸取中国传统文化中的居家睦邻思想，继承和传扬严谨持家的优良家风，加以自己独特的发扬和创新，形成了一整套行之有效的治家良法。

禀父母·述家和万事兴

名师按语

①寿屏：用作祝寿礼物的书画条幅，上面多题写吉语、贺词或画有寿星之类的吉祥画幅。

原文

男国藩跪禀父母亲大人万福金安：

　　正月八日，恭庆祖父母双寿。男去腊做①寿屏二架，今年同乡送寿对者五人，拜寿来客四十人。早面四

曾国藩的智慧

席,晚酒三席;未吃晚酒者,于十七日、二十日补请二席。又请人画"椿萱(xuān)重荫图",观者无不叹羡。

男身体如常,新年应酬太繁,几至日不暇给。媳妇及孙儿女俱平安。正月十五接到四弟、六弟信,四弟欲偕季弟从汪觉庵师游,六弟欲偕九弟至省城读书。男思大人家事日烦,必不能常在家塾照管诸弟;且四弟天分平常,断不可一日无师讲书改诗文,断不可一课耽搁。伏望堂上大人俯从男等之请,即命四弟季弟从觉庵师,其束脩银男于八月付回,两弟自必加倍发奋矣。

六弟实②不羁之才,乡间孤陋寡闻,断不足以启其见识而坚其心志。且少年英锐之气,不可久挫。六弟不得入学,既挫之矣;欲进京而男阻之,再挫之矣;若又不许肄业省城,则毋乃太挫其锐气乎?伏望堂上大人俯从男等之请,即命六弟、九弟下省读书,其费用,男于二月间付银二十两至金竺虔家。

③夫家和则福自生,若一家之中,兄有言弟无不从,弟有请兄无不应,和气蒸蒸而家不兴者,未之有也;反是而不败者,亦未之有也。伏望大人察男之志,即此敬禀叔父大人,恕不另具。六弟将来必为叔父④克家之子,即为吾族光大门第,可喜也。谨述一二,余俟续禀。

道光二十三年正月十七日

名师按语

②不羁:比喻不拘小节,不受限制的性格。

③强调"家和"的重要性,团结和睦是家业昌盛的基础。

④克家:继承家业。

译文

儿子国藩跪着禀告父母亲大人万福金安:

正月八日,恭敬地庆贺祖父母双寿。儿子去年冬天做了寿屏两架,今年同乡送寿对的五人,拜寿的来宾四十人。早上开了四席,晚上开了三席。没有吃晚酒的,于十七日和二十日补请两席。又请人画了一幅"椿萱重荫图",看到此画的人没有不赞叹羡慕的。

儿子身体如常,新年应酬太多,几乎是一天到晚应接不暇。媳妇及孙儿孙女都平安。正月十五接到四弟、六弟的信,四弟想跟季弟一起从汪觉庵老师学,六弟想跟九弟到省城读书。儿子想父母大人家里的事越来越繁杂,必定不能经常在家塾学堂照管几位弟弟。并且四弟天分平常,决不可以一天没有老师讲解课文和修改诗文,绝不可以耽搁一课。请父母大人听从儿子的请求,马上让四弟季弟从觉庵老师,他们的学费我在八月汇款回来。两位弟弟自然会更加发奋学习了。

六弟是一个不愿受约束的人才,由于乡里孤陋寡闻,肯定不足以启迪他的见识,坚定他的志向。再说,年轻人有一股锐气,不可以久受挫折。他不能入学,已是挫折了;想进京又受我阻止,再次受挫;如果又不准他去省城读书,不是太挫他的锐气了吗?希望父母大人听从儿子等人的请求,马上让六弟、九弟到省城读书,他们的学费,儿子在二月间付银二十两到金竺虔家。

家庭和睦,那福泽自然产生。如果一家之中,哥哥说了的话弟弟无不奉行,弟弟有请求哥哥没有不答应的,充满和气而家道不兴旺的,从来没有见过;反之而不失败的,也从来没有见过。希望父母亲大人体谅儿子的心意,就以这封信禀告叔父大人,恕我不另写了。六弟将来必定是叔父家能承继家事和祖业的人,为我们族上争光,可喜可贺。谨向父母亲大人禀告,其余的容以后再禀告。

道光二十三年正月十七日

禀父母·教弟以和睦为第一

原文

男国藩跪禀父母亲大人万福金安：

正月十七日，男发第一号家信，内呈堂上信三页，复诸弟信九页，教四弟与厚二从汪觉庵师，六弟、九弟到省从丁秩臣，谅已收到。二月十六日，接到家信第一号，系新正初三交彭山岷者，敬悉一切。

去年十二月十一，祖父大人忽患伤风，赖神灵默佑，得以速痊，然游子闻之，尚觉心悸。六弟生女，自是大喜。初八日恭逢寿筵，男不克在家庆祝，心尤①依依。

诸弟在家不听教训，不甚发奋。男观诸弟来信，即已知之。盖诸弟之意，总不愿在家塾读书，自己亥年男在家时，诸弟即有此意，牢不可破。六弟欲从男进京，男因②散馆去留未定，故彼时未许。庚子年接家眷，即请弟等送，意欲弟等来京读书也。特以祖父母、父母在上，男不敢专擅，故但写诸弟而不指定何人。迨九弟来京，其意颇遂，而四弟、六弟之意尚未遂也。年年株守家园，时有耽搁，大人又不能常在家教之；近地又无良友，考试又不利。兼此数者，怫(fú)郁难申，故四弟、六弟不免怨男。③其可以怨男者有故，丁酉在家教弟，威克厥爱，可怨一矣；己亥在家未曾教弟一字，可怨二矣；临京不肯带六弟，可怨三矣；不为弟另择外傅，仅延丹阁叔教之，拂厥本意，可怨四矣；明知两弟不愿家居，而屡次信回，劝弟寂守家塾，可怨五矣。惟男有可怨者五端，故四弟、六弟难免内怀隐衷。前次含意不申，故从不写信与男。去腊来信甚长，则尽情吐

①依依：留恋不舍。

②散馆：清制。翰林院庶吉士经过一定年限举行甄别考试之称。

③此处的"五怨"，将诸位弟兄怨恨的原因归结于自身，体现出曾氏严于律己、宽以待人的胸襟。

曾国藩的智慧

露矣。

男接信时，又喜又惧。喜者，喜弟志气勃勃不可遏也；惧者，惧男再拂弟意，将伤和气矣。兄弟和，虽穷氓(méng)小户必兴；兄弟不和，虽世家宦族必败。男深知此理，故禀堂上各位大人俯从男等兄弟之请。男之意实以和睦兄弟为第一。

九弟前年欲归，男百般苦留，至去年则不复强留，亦恐拂弟意也。临别时，彼此恋恋，情深似海。故男自九弟去后，思之尤切，信之尤深。谓九弟纵不为④科目中人，亦当为孝悌中人。兄弟人人如此，可以终身互相依倚，则虽不得禄位，亦何伤哉！

④科目：通过考试获取功名。

恐堂上大人接到男正月信必且惊而怪之，谓两弟到衡阳，两弟到省，何其不知艰苦，擅自专命？殊不知男为兄弟和好起见，故复⑤缕陈一切，并恐大人未见四弟、六弟来信，故封还附呈。总愿堂上六位大人俯从男等三人之请而已。

⑤缕陈：详细陈述。

伏读手谕，谓男教弟宜明言责之，不宜琐琐告以阅历工夫。男自忆连年教弟之信不下数万字，或明责，或婉劝，或博称，或约指，知无不言，总之尽心竭力而已。

男妇孙男女身体皆平安，伏乞放心。

男谨禀。
道光二十三年二月十九日

译文

儿子国藩跪着禀告父母亲大人万福金安：

正月十七日，儿子寄出第一封家信，里面有寄给堂上大人的信三页，给各位弟弟的信九页,教四弟和厚二随汪觉庵学习,六弟、九弟到省里跟从丁秩臣学习,想必已经收到了。二月十六,接到家里第一封信,是新年正月初三交彭山屺的那封,已明白一切。

去年十二月十一日,祖父大人忽然患伤风,依靠神灵的保佑,很快痊愈了。但在外的游子听了,心里还是有余悸。六弟生了一个女儿,这自然是大喜。初八日恭逢寿筵,儿子不能在家里参加庆祝,心里甚是留恋。

几位弟弟在家里不听大人的教训,不太发奋。儿子看来信已经知道了。看来几位弟弟的意思,总不愿意在家塾学堂读书。己亥年儿子还在家里时,弟弟们就有这个意思,而且牢不可破。六弟想跟我进京,我在庶常馆学习的去留尚没有定,所以那时没有答应。庚子年接家眷进京,请弟弟们送,意思是想弟弟们来京读书。只是因为祖父母、父母在上,儿子不敢做主,所以只写弟弟们而不指定何人。等到九弟来京,他如愿以偿了,而四弟、六弟的愿望却还未顺遂。年年待在家里,学问时时耽搁,大人又不能在家里教他们,附近又没有好的朋友,考试又失败了。有这么几种原因,所以觉得很受压抑而闷闷不乐,所以四弟、六弟不免埋怨我。他们埋怨我是有原因的。丁酉年在家教他们时,威严过头而缺少爱抚,可以埋怨的第一点;己亥年在家,没有教弟弟一个字,可以埋怨的第二点;临到进京了不肯带六弟,可以埋怨的第三点;不为弟弟另外选择外面的老师,仅仅请了丹阁叔来教授,违背了他们的意思,可以埋怨的第四点;明明知道两弟弟不愿在家,却屡次回信,劝他们在家读家塾,可以埋怨的第五点。正因为儿子有可埋怨的五点,所以四弟、六弟难免心里藏着这些隐衷,以前一直闷在肚子里没有申述的机会,所以从不给我写信。去年腊月写了一封长信,才把这一肚子怨气都吐了出来。

儿子接信时,又高兴又害怕。喜的是弟弟们志气勃勃,不可阻挡。怕的是儿子若再次违背他们的意愿,将会伤了兄弟的和气。兄弟和睦,即使是穷困的小户人家也必然兴旺;兄弟不和,即使是世代官宦人家也必然败落。儿子深知这个道理,所以禀告堂上大人,俯从儿子等兄弟的请求,儿子的意思实在是把和睦摆在第一位。

九弟前年想回家,我百般苦苦挽留,到去年才不再强留,也是恐怕违背了他们的意愿。临走时彼此依依不舍,情深似海,所以儿子从九弟走后,非常想念他,也非常相信他。九弟即使不是科场中人,也会是孝悌中人。兄弟个个如此,可以终身互相依靠,就是不当官,又有什么关系呢?

我担心堂上大人收到我在正月里写的信,看后会大惊并责怪我,说两个弟弟到衡阳,两个弟弟到省城,怎能不知其中的艰苦而擅自做主?岂不知我这样做是为了兄弟和好,所以详细地说明一切,并且又怕大人没见到四弟和六弟的来信,因此封好寄回。希望堂上六位大人顺从儿子等三人的请求。

恭读父母的手书教诲,说儿子教育弟弟应该以明言责备为好,不适宜唠唠叨叨告诉他们一些阅历。儿子回忆多年来教育弟弟的信不下数万字,或者直接责备,或者委婉规劝,或者长篇论述,或者约略指点,知无不言,总之,尽一切努力罢了。

媳妇和孙子孙女都平安,请放心。

儿子谨禀。

道光二十三年二月十九日

禀父母·勿因家务过劳

原文

男国藩跪禀父母亲大人膝下:

十六夜接到六月初八日所发家信,欣悉一切。祖父大人病已十愈八九,尤为莫大之福。六月二十八日曾发一信,言升官事,想已收到。冯树堂六月十六日出京,寄回红顶、补服、袍褂、手钏(chuàn)、笔等物,计八月可以到家。贺礼耕七月初五日出京,寄回鹿胶、丽参等物,计九月可以到家。

四弟、九弟信来,言家中大小诸事皆大人躬亲之,未免过于劳苦。勤俭本持家之道,而人所处之地各不同。大人之身,上奉高堂,下荫儿孙,外为族党

名师按语

①忝:谦词,"愧"的意思。

乡里所模范,千金之躯,诚宜珍重。且男①忝窃卿贰,服役已兼数人,而大人以家务劳苦如是,男实不安于心。此后万望总持大纲,以细微事付之四弟。四弟固谨慎者,必能负荷。而大人与叔父大人惟日侍祖父大人前,相与娱乐,则万幸矣!

京寓大小平安,一切自知谨慎,堂上各位大人不必挂念。余容另禀。

道光二十七年七月十八日

译文

儿子国藩跪着禀告父母亲大人膝下:

十六日晚接到六月初八日发出的家信,很高兴知道了一切。祖父大人的病已好了十之八九,这是极大的福分。六月二十八日曾发了一封信,说升官的事,想必已经收到了。冯树堂六月十六日离开京城,寄回红顶、补服、袍褂、手钏、笔等东西,预计八月可以到家里。贺礼耕在七月初五离开京城,又托他带回鹿胶、高丽参等,预计九月可以送到家里。

四弟、九弟写信来,说了家中大小事情都是大人亲自管理,不免过于劳苦了些。勤俭本来是持家的道理,而各人所处位置则不同。大人之身,上要奉养高堂,下要养育子孙,对外要做族党乡里的模范表率,千金贵体应该十分珍重才好。儿子很侥幸地升了官职,仆役已有几人,而大人家务如此辛苦,儿子实在心里不安。希望大人日后总揽大政方针,将细微的事交给四弟。四弟为人谨慎,必定可以担负。大人与叔父大人只要天天侍候在祖父大人左右,一起娱乐,那便是万幸了。

在京合家大小都平安,一切都懂得谨慎,堂上各位大人请不必挂念。其余的容再禀告吧!

道光二十七年七月十八日

曾国藩的智慧

致诸弟·告诫弟弟要清白做人

原文

澄侯、子植、季洪三弟左右：

澄侯在广东前后共发信七封，至郴(chēn)州、耒(lěi)阳又发二信，三月十一到家以后又发二信，皆已收到。植、洪二弟今年所发三信，亦俱收到。

澄弟在广东处置一切，甚有道理。易念园、庄生各处程仪，尤为可取。其办朱家事，亦为谋甚忠，虽无济于事，而朱家必可无怨。《论语》曰："言忠信，行笃敬，虽①蛮貊之邦行矣。"吾弟出外，一切如此，吾何虑哉？

贺八爷、冯树堂、梁俪裳三处，吾当写信去谢，澄弟亦宜各寄一书，即易念园处，渠既送有程仪，弟虽未受，亦当写一谢信寄去。其信即交易宅，由渠家书汇封可也。若易宅不便，即托岱云觅寄。

季洪考试不利，区区得失，无足介怀。补发之案有名，不去复试，甚为得体。今年院试若能得意，固为大幸！即使不遂获售，去年家中既售一人，则今岁小挫，亦盈虚自然之理，不必抑郁。植弟书法甚佳，然向例未经过②岁考者，不合选拔。弟若去考拔，则同人必指而目之，及其不得，人不以为不合例而失，且以为写作不佳而黜。吾明知其不合例，何必受人一番指目乎？

弟书问我去考与否？吾意以科考正场为断，若正场能取一等③补廪，则考拔之时，已是廪生入场矣。若不能补廪，则附生考拔，殊可不必，徒招人妒忌也。

④我县新官加赋，我家不必答言，任他加多少，我

名师按语

①蛮貊：泛指边远地区野蛮异族。

②岁考：明清时，府、州、县生员、增生、廪生每年皆需参加岁考，考试合格者方可参加本省乡试。

③补廪：在明清的科举制度中，生员经岁、科两试成绩优秀者，增生可依次升为廪生。

④告诫家人不要干预地方政事，做人要内敛，不可嚣张。

名师按语

家依而行之。如有告官者，我家不必入场。凡大员之家，无半字涉公庭，乃为得体；为民除害之说，为所辖之属言之，非谓去本地方官也。

曹西垣教习服满，引见以知县用，七月动身还家；母亲及叔父之衣并阿胶等项，均托西垣带回。

去年内赐衣料袍褂，皆可裁三件；后因我进闱（wéi）考教习，家中叫裁缝做，裁之不得法，又窃去整料，遂仅裁祖父、父亲两套。本思另办好料，为母亲制衣寄回，因母亲尚在制中，故未遽寄。

叔父去年四十晋一，本思制衣寄祝，亦因在制，未遽寄也。兹托西垣带回，大约九月可以到家，腊月⑤服阕，即可着矣。

⑤服阕：守丧期满除去孝服。

纪梁读书，每日百余字，与泽儿正是一样，只要有恒，不必贪多。澄弟亦须常看《五种遗规》及《呻吟语》，洗尽浮华，朴实谙练，上承祖父，下型子弟，吾于澄弟实有厚望焉！

兄国藩手草。

道光二十八年五月初十日

译文

澄侯、子植、季洪三弟左右：

澄侯在广东前后一共发信七封，到了郴州、耒阳又发两封。三月十一日到家以后又发了两封，都已收到。植、洪两位弟弟今年所发的三封信，也都收到了。

澄弟在广东处置一切事务，都比较合理。易念园、庄生几处送上路的财物，尤其办得好。办理朱家的事，谋划忠诚，虽然不能解决问题，朱家必定不会有怨

言。《论语》说："言语忠诚老实，行为忠厚严肃，纵然到了野蛮人国度，也行得通。"弟弟在外面，处理一切都能这样，我还有什么顾虑呢？

贺八爷、冯树堂、梁俪裳三人那里，我当去信道谢，澄弟也应该各寄一封信去。就是易念园处，他送了路费，弟弟虽说没有接受，也应该写一封信致谢，信交到易家住宅，由他家一起封寄。如果易宅不方便，就托岱云设法寄好了。

季洪考试失利，小小的得失，不足以放在心上。补发有名没有去复试，很是得体。今年院试，如果考得得意，固然是大好事，就是没有考好，去年家里已考上一人，那么今年有点小挫折，也是有盈有亏的自然道理，不必压抑忧郁。植弟书法很好，但从来的惯例，没有经过年考的，不符合选拔条件。弟弟如果去考，那么同考的人必然指责你、看着你，等到考不取，别人不会认为你是不合惯例而未录取，而是说你写作不佳而落榜。我们明知不合惯例，何必因此受人一番指责呢？

弟弟信中问我去不去考？我的意见以科场考试的情况来判断：如果正场能考取一等增补廪生，并且马上选拔，那已经取得廪生资格了。如果不能增补廪生，那么作为附生去考，就不必了，因为那样做，只会徒然招来别人的妒忌。

我县新官增加赋税，我家不要去干预，随他加多少，我家都照给。如果有告状的，我家不要搀和进去。凡属大官的家庭，要做到没有半个字涉及公庭，才是得体的。为民除害的说法，是指除掉地方官管辖地域内所属之害，不是要除去地方官。

曹西垣教习任职期满，引荐之后，用为知县，七月动身回家。母亲和叔父的衣服、阿胶等，都托他带回。

去年赐的衣料袍褂，都可裁三件。后来因为我进闱选拔教习，家里叫裁缝做，裁得不得法，又被偷走整段的衣料，结果只裁得祖父、父亲两套，本想另外买好衣料，为母亲制衣寄回，因母亲还在服丧之中，所以没有马上寄回。

叔父去年四十晋一岁，本想做衣祝寿，也因在服丧之中没有急忙寄。现托西垣带回，大约九月可以到家，腊月服丧满后，就可穿了。

纪梁读书，每天百余字，与泽儿正好一样，只要有恒心，不必贪太多。澄弟必须常看《五种遗规》和《呻吟语》，把浮华的习气洗干净，朴实干练，上可继承祖

风，下可为子弟做模范，我对于澄弟寄予厚望。

兄国藩手草。

道光二十八年五月初十日

致诸弟·迎养父母叔父

原文

澄侯、温甫、子植、季洪四位老弟足下：

正月初六日接到家信三函：一系十一月初三所发，有父亲手谕，温弟代书者；一系十一月十八所发，有父亲手谕，植弟代书者；一系十二月初三澄侯弟在县城所发一书，甚为详明，使游子在外，巨细了然。

庙山上金叔，不知为何事而可取腾七之数？若非道义可得者，则不可轻易受此。要做好人，第一要在此处下手，能令鬼服神钦，则自然识日进，气日刚。否则不觉堕入卑污一流，必有被人看不起之日，不可不慎。诸弟现处极好之时，家事有我一人担当，正当做个光明磊落神钦鬼服之人，名声既出，信义既①著，随便答应，无事不成，不必受此小便宜也。

②父亲两次手谕，皆不欲予乞假归省，而予之意甚思日侍父母之侧，不得不为迎养之计。去冬曾以归省迎养二事，与诸弟相商，今父亲手示，不许归省，则迎养之计更不可缓。所难者，堂上有四位老人，若专迎父母而不迎叔父母，不特予心中不安，即父母心中

名师按语

①著：建立。

②照顾长辈事无巨细，安排周到，体现出曾国藩对孝道的重视。

名师按语

亦必不安；若四位并迎，则叔母病未全好，远道跋涉尤艰。予意欲于今年八月初旬，迎父亲、母亲、叔父三位老人来京，留叔母在家，诸弟妇细心伺候，明年正月元宵节后，即送叔父回南，我得与叔父相聚数月，则我之心安。父母得与叔父同行数千里到京，则父母之心安。叔母在家半年，专雇一人服侍，诸弟妇又细心奉养，则叔父亦可放心。叔父在家，抑郁数十年，今出外潇洒半载，又得与侄儿、侄妇、侄孙团聚，则叔父亦可快畅。在家坐轿至湘潭，澄侯先至潭，雇定好船，伺候老人开船后，澄弟即可回家。船至汉口，予遣荆七在汉口迎接，由汉口坐三乘轿至京，行李婢仆，则用小车，甚为易办。求诸弟细商堂上老人，春间即赐回信，至要至要！

李泽显、李英灿进京，余必加意庇护。八斗③冲地，望绘图与我看。诸弟自侍病至葬事，十分劳苦，我不克帮忙，心甚歉愧！

京师大小平安。皇太后大丧，已于正月七日二十七日满，脱去孝衣。初八日系祖父冥诞，我作文致祭，即于是日亦脱白孝，以后照常当差。心中万绪，不及尽书，统容续布。

兄国藩手草。

道光三十年正月初九日

③冲地：交通要地。

译文

澄侯、温甫、子植、季洪四位老弟足下：

正月初六日接到家信三封：一封是十一月初三发的，有父亲手谕，温弟代写

的;一封是十一月十八日发的,有父亲手谕,植弟代写的;另一封是十二月初三,澄侯弟在县城发的,信写得很详细明白,使我们在外面的游子,家中大小事情都明了。

庙山上的金叔,不知道为了什么事可取"腾七之数",如果不是合乎道义的,那就不可以轻易接受。要做一个好人,第一要在这个地方下手,能使得鬼服神钦,见识自然一天天增进,正气一天天刚健。不然的话,不知不觉便堕落到卑污一流,必定有被人看不起的一天,不可以不慎重。诸位弟弟现在正处在极好的时候,家里事有我一个人担当,正应该做一个光明磊落、神钦鬼服的人,名声一旦传了出去,信义一经确立,随便说一句,无事不成,不必要贪这点小便宜。

父亲两次手谕,都说不想我请假探亲,而我的意思是想天天侍候父母身边,这点做不到,便不得不行迎养的计划了。去年冬天曾经与你们相商归省迎养二事,现在父亲不许我回家探亲,那迎养的计划便不可以再迟了。让我感到为难的是,堂上有四位老人,如果迎接父母而不迎接叔父母,不仅我心里不安,就是父母亲心里也一定不安。如果四位都接来,又考虑叔母病没有全好,远道旅行、跋山涉水尤其艰苦。我的意思想在今年八月初旬,接父母亲和叔父三位老人来京城,留叔母在家,诸位弟媳妇细心伺候,明年正月元宵节以后,送叔父回乡。我能够和叔父相聚几个月,我的心安,父母能够与叔父同行几千里到京城,父母的心也安。叔母在家半年,专门请一个人服侍,诸位弟媳妇又细心奉养,叔父也可以心安。叔父在家,抑郁了几十年,现在出外潇洒半年,又可与侄儿、侄媳妇、侄孙团聚,叔父也可快乐舒畅。在家坐轿到湘潭,澄侯先去,雇好船只,伺候老人开船之后,澄弟即可回家。船到汉口,我派荆七在那里迎接,由汉口坐三乘轿子到京城。行李和婢女仆人,用小车,比较容易办理。请诸位弟弟和堂上老人细细商量,春间即赐回信,至要至要!

李泽显、李英灿进京,我一定加倍注意庇护他们。八斗冲地,希望绘个图给我看。诸位弟弟从服侍老人疾病直到办葬事,十分辛苦,我不能帮忙,心里感到很抱歉、很惭愧!

京城的大小都平安。皇太后大丧从正月七日至二十七日结束,脱掉孝衣。初八日是祖父冥诞,我作文致祭,即在这天也脱白孝,以后照常当差。心绪万千,不得一一写出，等以后继续再写。

兄国藩手草。

道光三十年正月初九日

赏析·启示

　　家族教育不是朝夕间的事情，甚至不是一两代间的事情，而是数代相沿形成的一种家规或是家风。曾国藩治理家族事务，取法于祖父订下的家规，同时结合家庭情况改进家规，曾家的家规带有传统的耕读之家的色彩。

　　曾国藩却时时告诫四个弟弟莫买屋置地，莫干预地方公事；莫忘寒士风气；兄弟间和睦为贵，要清白做人，保持"半耕半读"的家风；要求他们亲自参加农事劳作，勤持家务，厉行祖父定下的家规。曾国藩始终自奉清寒，过着清淡的生活，为弟弟们做出了表率。

　　古时儒家思想影响很大，士子极为重视孝悌之道。曾国藩虽远在京城为官，但时刻想着家中老人，虽长年借债度日却仍不忘给长辈寄送银两，想着接他们来京师小住，还时刻不忘周济族人中的贫寒者。

学习·拓展

祝寿

　　祝寿又称做寿、贺寿，古时有一整套隆重的庆祝仪式。做寿前一个月，做寿者就会向亲戚朋友发放请帖。早三天，家里就张灯结彩，布置寿堂。做寿一般三天。寿日前一天，寿星身穿象征长寿的寿服，接受子孙辈的跪拜。寿星将提前准备好的红包分赠小辈，叫"子孙钱"。寿星生日当天，亲戚、朋友、下属甚至是上司等都前来祝寿，高朋满座，礼乐和鸣，最为热闹。

理财篇

古训云,赠人以言,重于金石珠玉。大凡成功的经营者,都有一套自己独特的理财之道。这些理财方法对后人有很多可资借鉴之处,后辈可以少走很多的弯路。

理财归根结底不外乎"开源节流"四个字,具体来说也就是生财和用财两个方面。能生财固然重要,但善用财同样重要。如果不善用财,任意挥霍浪费,即使家有万贯家财,也会流失殆尽。

曾国藩虽然身为封疆大吏、朝廷重臣,但正值清末乱世,内外交困,国贫民穷。他作为国家重臣不但要殚精竭虑想尽办法生财,还要将原本不多的资财发挥到极致。他虽然不是专业的理财家,但在理财方面却有很多独到的见解。因此,他在理财上有很多值得我们借鉴的地方。

禀祖父母·请给族人以资助

原文

孙男国藩跪禀祖父母大人万福金安:

名师按语

①折差：递送奏折的差官。

②同年：明清时乡试、会试同榜考中者皆称同年。

③嘘枯回生：比喻将死之人有望起死回生。

④曾氏祖父曾玉屏极有见识，治家有方，热心帮助相邻，颇有乡党领袖之风。

四月十一日，由①折差发第六号家信，十六日折弁又到。

孙男等平安如常，孙妇亦起居维慎，曾孙数日内添吃粥一顿，因母乳日少，饭食难喂，每日两饭一粥。

今年散馆，湖南三人皆留。全单内共留五十二人，仅三人改部属，三人改知县。翰林衙门现已多至百四五十人，可谓极盛。

琦（qí）善已于十四日押解到京，奉上谕派亲王三人、郡王一人、军机大臣、大学士、六部尚书会同审讯，现未定案。

梅霖生②同年因去岁咳嗽未愈，日内颇患咯（kǎ）血。同乡各京官宅皆如故。

澄侯弟三月初四日在县城发信，已经收到。正月二十五信，至今未接。

兰姊以何时分娩？是男是女，伏望下次示知。

楚善八叔事，不知去冬是何光景？如绝无解危之处，则二伯祖母将穷迫难堪，竟希公之后人将见笑于乡里矣。孙国藩去冬已写信求东阳叔祖兄弟，不知有补益否？此事全求祖父大人作主，如能救焚拯溺，何难③嘘枯回生。④伏念祖父平日积德累仁，救难济急，孙所知者，已难指数。如廖品一之孤，上莲叔之妻，彭定五之子，福益叔祖之母，及小罗巷、樟树堂各庵，皆代为筹划，曲加矜恤。凡他人所束手无策，计无复之者，得祖父善为调停，旋乾转坤，无不立即解危，而况楚善八叔同胞之亲，万难之时乎？

孙因念及家事，四千里外，杳无消息，不知同堂诸叔目前光景，又念及家中此时，亦甚难窘，辄敢冒昧饶舌，伏求祖父大人宽宥无知之罪。楚善叔事，如有说法

曾国藩的智慧

之处,望详细寄信来京。

兹逢折便,敬禀一二,即跪叩祖母大人万福金安。

道光二十一年四月十七日

译文

孙男国藩跪禀祖父母大人万福金安:

四月十一日,由通信兵发第六号家信,十六日通信兵又到。

孙儿等平安如常,孙媳妇也起居维慎,曾孙儿天内加吃一顿粥,因为母乳不够,饭食难喂,所以每天两饭一粥。

今年庶常馆学成的人,湖南三个都留在馆里,共留五十二个,只有三人改部属,三人改知县。翰林院现在已多到一百四五十人,可说是极盛了。

琦善已于十四日被押解到京城,奉了皇上谕旨,派了三个亲王、一个郡王、军机大臣、大学士、六部尚书会同审讯,现在还没有定案。

梅霖生同年因为去年咳嗽没有好,近日咯血,同乡各京官家中一切如常。

澄弟三月初四在县城发的信,已经收到。正月二十五日的信,至今没有收到。

兰姐什么时候分娩?是男是女,伏望下次告知。

楚善八叔的事,不知去年冬天情形如何?如果绝对没有解危的地方,那二伯母必将穷迫难堪,竟希公的后人将被乡里的人嗤笑了。孙儿国藩去年冬天已写信求东阳叔祖兄弟,不知有帮助没有?这件事全求祖父大人做主,若能救他于水深火热之中,事情便会有转机。祖父平日积德累仁,救难济急,孙儿了解的,已难以数清。如救助廖品一的孤儿,上莲叔的妻子,彭定五的儿子,福益叔祖的母亲,以及小罗巷、樟树堂各尼庵,都代为筹划,尽力体恤。凡属别人束手无策、没有办法转复为安的,只要祖父出面认真调停,便能扭转乾坤,没有不立即解危的,何况有同胞情谊的楚善八叔正在万难之中呢!

孙儿因想到家中的事,四千里外,杳无消息,不知同堂各位叔叔目前情形,又想家中这时也很艰难窘迫,才敢冒昧多嘴,伏求祖父大人宽恕我无知的罪过。楚善叔的事,如有解决的办法,希望详细写信寄京城。

现逢折差的便利,恭敬地禀告一二,跪叩祖母大人万福金安。

道光二十一年四月十七日

禀祖父母·述告在京无生计

【原文】

孙男国藩跪禀祖父大人万福金安:

六月初五日接家信一封,系四弟初十日在省城发,得悉一切,不胜欣慰!

孙国藩日内身体平安。国荃于二十三日微受暑热,服药一帖,次日即愈,初三日复患腹泻,服药二帖即愈。曾孙甲三于二十三日腹泻不止,比请郑小珊诊治,次日添请吴竹如,皆云系脾虚而兼受暑气,三日内服药六帖,亦无大效。二十六日添请本京王医,专服凉药,渐次平复。初一初二两日未吃药,刻下病已全好,惟脾元尚亏,体尚未复,孙等自知细心调理,观其行走如常,饮食如常,不吃药即可复体,堂上不必挂念。冢孙妇身体亦好。婢仆如旧。

同乡梅霖生病,于五月中旬,日日加重,十八日上床,二十五日子时仙逝。胡云阁先生亦同日同时同刻仙逝。梅霖生身后一切事宜,系陈岱云、黎樾(yuè)乔与孙三人料理。戊戌同年赙仪共五百两,吴甄甫夫子(戊戌总裁)进京,赙赠百两,将来一概共可张罗千余金。计京中用费及灵柩回南途费,不过用四百金,其余尚可周恤遗孤。

自五月下旬以至六月初,诸事殷繁,荃孙亦未得读书。六月前寄文来京,

曾国藩的智慧

尚有三篇孙未暇改。

广东事已成功,由军功升官及戴花翎蓝翎者,共二百余人。将上谕抄回前半截,其后半载升官人名,未及全抄。

昨接家信,始知楚善八叔竹山湾田,已于去冬归祖父大人承买。八叔之家稍安,而我家更窘迫,不知祖父如何调停?去冬今年如何设法?望于家信内详示。

孙等在京,别无生计,大约冬初即须借账,不能备仰事之资寄回,不胜①愧悚。

①愧悚:羞愧。

余容续禀,即禀祖父母大人万福金安。

孙跪禀。

道光二十一年六月初七日

译文

孙男国藩跪禀祖父大人万福金安:

六月初五日接家信一封,是四弟初十日在省城所发,得知一切,不胜欣慰。

孙儿国藩近日身体平安。国荃于二十三日稍微受点暑热,吃药一帖,第二天就好了。初三日又患腹泻,吃药两帖,就好了。曾孙甲三于二十三日腹泻不止,即请郑小珊诊治,第二天又加请吴竹如,都说是脾虚,并且受了暑热,三天中吃药六帖,也没有大效。二十六日加请京城王医,专吃凉药,逐渐平复,初一、初二两天没有吃药,现在病已好了,只是脾元还亏,体重还没有复元。孙儿等知道要细心照顾,看他行走如常,饮食如常,不吃药可以复体,堂上大人不必挂念,长孙媳妇身体也好,婢女仆人仍旧。

同乡梅霖生于五月中旬得病,天天加重,十八日卧床不起,二十五日子时逝世。胡云阁先生也同日同时同刻逝世。梅霖生死后一切事情,是陈岱云、黎樾乔与孙儿三人料理的,戊戌同年,赙仪给五百两。戊戌总裁吴甄甫夫子进京,馈赠

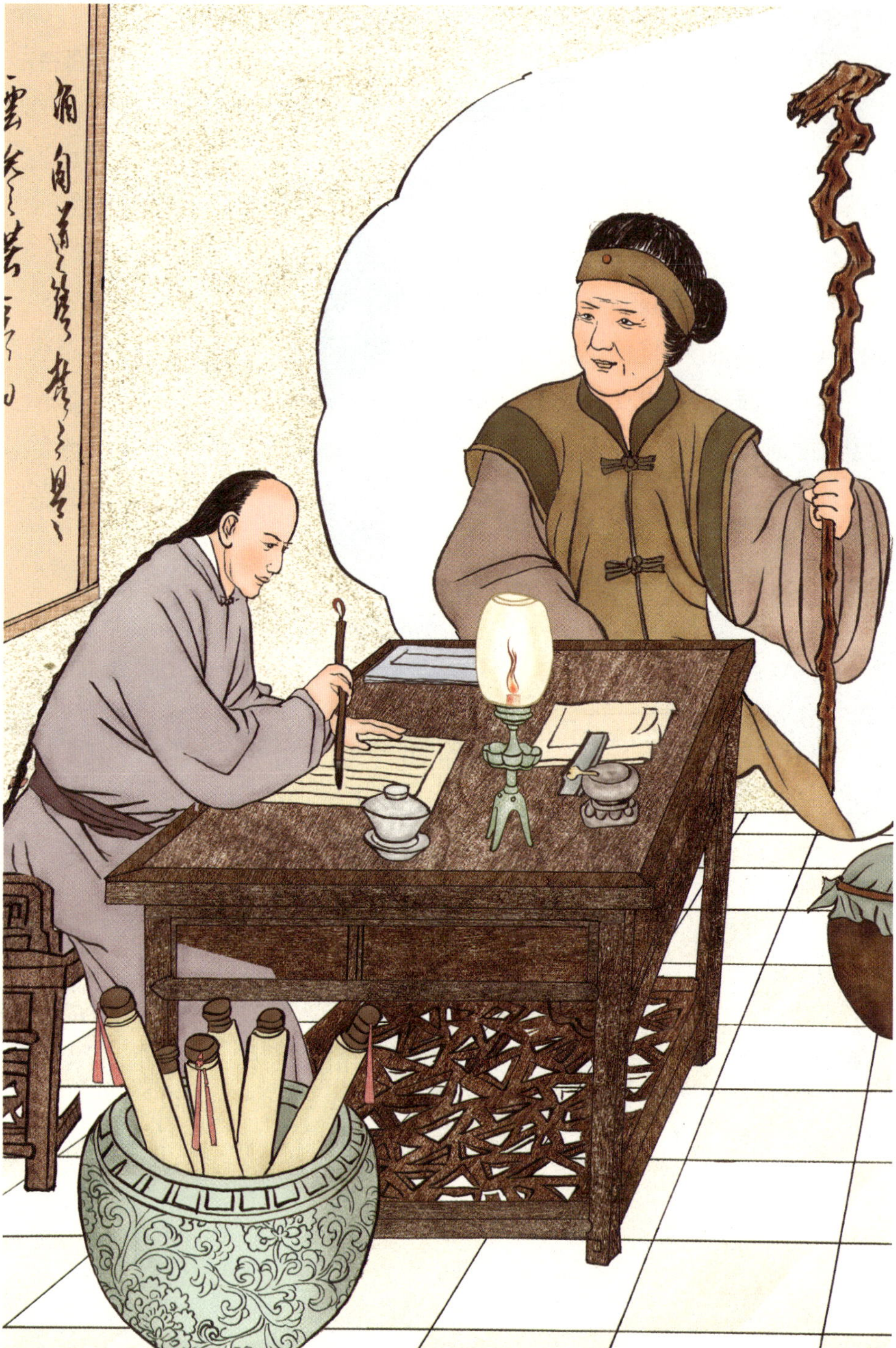

百两,将来总计共可张罗千余两。估计在京城的花费和将灵柩运回湖南的路费不过四百金,其余的还可以周恤遗孤。

自五月下旬到六月初,事务特别繁忙,国荃弟也没有读书。六月前寄文来京,还有三篇孙儿没有闲空批改。

广东的事已经成功,由军功升官及戴花翎蓝翎的,共两百多人。现将上谕抄回前半截,后半截载升官人名,没有来得及全抄。

昨天接到家书,才知道楚善八叔的竹山湾田,已在去年冬天归祖父大人承买,八叔的家里稍微安定,而我家就更窘迫了,不知祖父如何调度? 去年冬天过去了,今年如何设法? 望在家信中详示。

孙儿等在京城,别无生计,大约冬初就要借账,不能准备仰事堂上大人的资费寄回,不胜惭愧!

其余以后再行禀告,即请祖父母大人万福金安。

孙儿跪禀。

道光二十一年六月初七日

禀祖父母·述京中窘迫状

原文

孙男国藩跪禀祖父大人万福金安:

六月初七日发家信第九号,二十九日早接丹阁十叔信,系正月二十八日发,始知祖父大人于二月间体气①违和,三月已痊愈,至今康健如常,家中老幼均吉,不胜欣幸。丹阁叔信内言,去年楚善叔田业卖与我家承管,其中曲折甚多。添梓坪借钱三百四十千,外四十千系丹阁叔因我家景况艰窘,勉强代楚善叔解危,将来受

名师按语

①违和:身体失去条理而导致疾病。

名师按语

③归楚：还清。

④公项：大伙的款项。

⑤酬愿：还愿。

⑥扶榇：扶护棺木。

累不浅。故所代出之四十千，自去冬至今，不敢向我家明言；不特不敢明告祖父，即父亲叔父之前，渠亦不敢直说。盖事前说出，则事必不成，不成则楚善叔逼迫无路，二伯祖母奉养必②阙，而本房日见凋败，终无安静之日矣。事后说出，则我家既受其累，又受其欺，祖父大人必怒，渠更无辞可对，无地自容，故将此事写信告知孙男，托孙原其不得已之故，转禀告祖父大人。现在家中艰难，渠所代出之四十千，想无钱可以付渠。八月心斋兄南旋，孙在京借银数十两，付回家中，③归楚此项，大约须腊底可到，因心斋兄走江南回故也。

孙此刻在京，光景渐窘。然当京官者，大半皆东扯西支，从无充裕之时，亦从无冻饿之时，家中不必系怀。孙现今管长郡会馆事，④公项存件，亦已无几。

孙日内身体如恒，九弟亦好。甲三自五月二十三日起病，至今虽痊愈，然十分之中，尚有一二分未尽复归。刻下每日吃炒米粥二餐，泡冻米吃二次。乳已全无，而伊亦要吃。据医云此等乳最不养人，因其夜哭甚，不能遽断乳。从前发热烦躁，夜卧不安，食物不化，及一切诸患，此时皆已去尽，日日嬉笑好吃。现在尚服补脾之药，大约再服四五帖，本体全复，即可不药。孙妇亦感冒三天，郑小珊云服凉药后须略吃安胎药，目下亦健爽如常。

甲三病时，孙妇曾跪许装修家中观世音菩萨金身，伏求家中今年⑤酬愿。又言四冲有寿佛祖像，祖母曾叩许装修，亦系为甲三而许，亦求今年酬谢了愿。

梅霖生身后事，办理颇如意，其子可于七月⑥扶梓回南。同乡各官如常。家中若有信来，望将王率五家光

曾国藩的智慧

景写明。肃此,谨禀祖父母大人万福金安。

道光二十一年六月二十九日

译文

孙儿国藩跪禀祖父大人万福金安:

六月初七日寄出第九封家信,二十九日早,接丹阁十叔的信,是正月二十八日所发。才知祖父大人于二月间身体欠佳,三月已痊愈,至今康健如常,家中老幼都平安,不胜欣幸!丹阁叔信中说:"去年楚善叔的田地卖与我家承管,其中曲折很多。"添梓坪借钱三百四十千,另外四十千是丹阁叔因我家情况窘困,勉强代楚善叔解危,将来受累不浅。所代出的四十千,自去年冬天到现在,不敢向我家明言;不仅不敢明告祖父,就是在父亲、叔父的面前,他也不敢直说。因事前说出,则事必定不成,不成则楚善叔逼得无路,二伯祖母奉养必缺,而本房日渐凋败,终无安静的日子。事后说出,则我家既然受了他的累,又受他的骗,祖父大人必定发怒,他更无言可对,无地自容,所以把这件事写信告知孙儿,托孙儿原谅他的不得已的缘故,转禀祖父大人现在家里艰难,他所代出的四十千,想必无钱可以付与他。八月心斋兄回湖南,孙儿在京借银几十两,寄回家中,归还这笔钱,大约要腊月底,因心斋兄走江南回湖南的缘故。

孙儿现在京城,光景渐渐窘迫。当京官的,大半东扯西支,从没有充裕的时候,也从没有受冻挨饿的时候,家里不必系挂。孙儿现在管长郡会馆的事务,公项存件,也已经所剩无几了。

孙儿近日内身体如常,九弟也好。甲三自五月二十三日得病,到现在虽然好了,但还有一两分没有复元。如今每天吃炒米粥两餐,泡冻米两次。乳已没有了,而他也要吃。据医生说这种乳最不养人,因为他晚上哭得厉害,不能急于断乳。从前发热烦躁,晚上睡不安稳,食物不化,种种毛病,现在都好了,天天嬉笑好吃。还吃点补脾的药,大约再吃四五帖,就可以全部康复,不用吃药了。孙媳妇也感冒三天,郑小珊说吃凉药后,要略吃些安胎药,眼下也健爽如常。

甲三病时，孙媳妇曾经在家中观世音菩萨金身面前跪许装修菩萨金身，请求家中今年酬愿。又说四冲有寿佛神像，祖母曾经叩头答应装修，也是为甲三答应的，也要今年酬愿。

梅霖生身后事办得很如意，他儿子可以在七月亲自扶梓回湖南。同乡各位官员如常。家中如果有信来，望将王率五家情况写明。肃穆地禀告祖父母大人万福金安。

道光二十一年六月二十九日

禀父亲·筹划归还借款

名师按语

①补剂：犹言补药。

②辰下：目下，当前。

原文

男国藩跪禀父亲大人万福金安：

彭山屺进京，道上为雨泥所苦，又值黄河水涨，渡河时大费力，行李衣服皆湿。惟男所寄书，渠收贮箱内，全无潮损，真可感也。到京又以腊肉、莲、茶送男。渠于初九晚到，男于十三日请酒。十六日将四十千钱交楚。渠于十八日赁住黑巾，离城十八里，系武会试进场之地，男必去送考。

男在京身体平安，国荃亦如常。男妇于六月二十三日感冒，服药数帖痊愈，又服安胎药数帖。孙纪泽自病痊愈后，又服①补剂十余帖，②辰下体已复元。每日行走欢呼，虽不能言，已无所不知，食粥一大碗，不食零物。仆婢皆如常。周贵已荐随陈云心回南，其人蠢而负恩。萧祥已跟别人，男见其老成，加钱呼之复来。

曾国藩的智慧

男目下光景渐窘，恰有俸银接续，冬下又望外官例寄③炭赀。今年尚可勉强支持，至明年则更难筹划，借钱之难，京城与家乡相仿，但不勒追强逼耳。前次寄信回家，言添梓坪借项内，松轩叔兄弟实代出钱四十千，男可寄银回家，完清此项。近因完彭山屺项，又移徙房屋，用钱日多，恐难再付银回家。

男现看定屋在绳匠胡同北头路东，准于八月初六日迁居，初二日已搬一香案去，取吉日也。棉花六条胡同之屋，王翰城言冬间极不吉，且言重庆下者，不宜住三面悬空之屋，故遂迁移绳匠胡同，房租每月大钱十千，收拾又须十余千。

心斋借男银已全楚。渠家中付来银五百五十两，又有各项出息，渠言尚须借银出京，不知信否？

男已于七月留须。楚善叔有信寄男，系四月写，备言其苦。近闻衡阳田已卖，应可勉强度日。戊戌冬所借十千二百，男曾言帮他。曾禀告叔父，未禀祖父大人，是男之罪，非渠之过。其余细微曲折，时成时否，时朋买，时独买，叔父信不甚详明，楚善叔信甚详，男不敢尽信。总之，渠但免债主追逼，即是好处。第目前无屋可住，不知何处安身？若万一老亲幼子栖托无所，则流离四徙，尤可怜悯。以男愚见，可仍使渠住近处，断不可住衡阳，求祖父大人代渠谋一安居。若有余赀，则④佃田耕作。又求父寄信问朱尧阶，备言楚善光景之苦与男关注之切，问渠所营产业可佃与楚善耕否？渠若允从，则男另有信求尧阶，租谷须格外从轻。但路太远，至少亦须耕六十亩方可了吃。

尧阶寿屏，托心斋带回。严丽生在湘乡不理公事，⑤簠（fǔ）簋（guǐ）不饬声名狼藉。如查有真实劣迹，或

名师按语

③炭赀：清时，京官清苦，常需以外官的馈赠度日。每年冬天，外官送给京官的钱，称为"炭赀"，又作"炭敬"。因为北方天气寒冷，需要烧炭取暖，意谓送钱购炭。

④佃田：租赁他人的田地。

⑤簠簋不饬：簠、簋皆为古代盛放食物的器具。饬。整治、整顿。此处形容为官不廉洁。

有上案，不妨抄录付京，因有御史在男处查访也，但须机密。

四弟六弟考试，不知如何？⑥得不足喜，失不足忧，总以发愤读书为主。史宜日日看，不可间断。九弟阅《易知录》，现已看至隋朝。温经须先穷一经，一经通后，再治他经，切不可兼营并骛，一无所得。

男谨禀。

道光二十一年八月初三日

译文

儿子国藩跪着禀告父亲大人万福金安：

彭山屺进京城，路上为雨泥所苦，又正值黄河水涨，渡河时很费力，行李衣服都湿了。只是儿子所寄的书，他收贮在箱里，一点潮损都没有，真是太感激了！到京后又以腊肉、莲子、茶叶送儿子。他初九日到，儿子十三日请酒。十六日将四十千钱交楚。他十八日在黑巾租房住下，离城十八里，是武会试进场的地方，儿子一定去送考。

儿子在京身体平安，国荃也如常。儿媳妇于六月二十三日感冒，吃几服药后好了，又吃了几服安胎药。孙子纪泽自病好后，又吃了十多服补药，现在已复元了，每天行走欢呼，虽然不会说话，已什么都知道，每天吃粥一大碗，不吃零食。仆人婢女如常。周贵已自荐追随陈云心回湖南，这个人又蠢又忘恩负义。萧祥已跟别人，儿子见他老成，加了钱叫他又回来了。

儿子眼下情形渐渐窘迫，恰好有俸银接续，冬天又指望外官例寄防寒费。今年还可勉强支持，到明年则更难筹划，借钱的困难，京城与家乡是相似的，只是这里不勒索追逼罢了。前次寄信回家，说添梓坪借项内，松轩叔兄弟实际代出钱四十千，儿子可寄钱回家，还清这笔债。近来因为还彭山屺的款项，又搬房屋，用钱一天天多，恐怕难以再寄钱回家。

曾国藩的智慧

儿子现在看定的房子在绳匠胡同北头路东,定于八月初六搬家,初二日已经搬了一个香案去,是图个吉日。棉花六条胡同的房子,王翰城说冬天很不吉利,并且说正处于庆贺气氛中的人,不宜住三面悬空的房子,所以才迁到绳匠胡同,房租每月大钱十千,收拾又要十多千。

心斋借儿子的钱已全部还清。他家寄来银子五百五十两,又各项息钱。他说还要借钱离京,不知是不是真的?

儿子已于七月留须。楚善叔有信给儿子,是四月写的,详细说了他的困苦。近来听说衡阳的田已卖掉,应该可以勉强度日了。戊戌冬天所借的十千二百,儿子曾说过是帮他。曾经禀告叔父,没有禀告祖父大人,是儿子的罪,不是他的过错。其余细微曲折,一时成,一时不成,一时友人买,一时又单独买,叔父信中说得不很详细明白,楚善叔的信很详细,儿子不敢都相信。总之,他但求免债主追逼,便是好处。只是目前没有屋住,不知道何处安身?如果万一老亲幼子栖托都没有着落,则流离四徙,尤其可怜。以儿子的愚见,仍旧让他住在近处,绝不可住衡阳。求祖父大人代他找一个安居之所,如果有多余的钱,那么就佃田耕作。又求父亲寄信问朱尧阶,详说楚善叔情形的困苦和我关注的殷切,问他所经营的产业,可否佃给楚善叔耕种?他如果同意,那儿子另写信求尧阶,租谷要格外轻。但是路远,至少也要耕六十亩才能生活。

尧阶的寿屏托心斋带回。严丽生在湘乡,不理公事,为官不廉洁,声名狼藉。如果查到他的真实劣迹,或者案子,不妨抄录付来京城,因为有御史在儿子处查访,但要机密。

四弟、六弟考试,不知考得如何?得中,不足以高兴;不中,也不足以忧虑,总以发愤读书为主。史书要天天看,不可间断,九弟看《易知录》,现已看到隋朝。温习经书要先穷研一种经书,一种经书研究透彻后,然后再治其他,不能兼研强求,一无所得。

儿子谨禀。
道光二十一年八月初三日

禀父母·借银寄回家用

名师按语

①童子刚入学为生员。

②逼仄：狭小。
③爽垲：高朗干燥。

④稽首：古时的一种跪拜礼，叩头至地。

原文

男国藩跪禀父母亲大人万福金安：

十四日接家信，内有父亲、叔父并丹阁叔信各一件，得悉丹阁叔①入泮，且堂上各大人康健，不胜欣幸。

男于八月初六日移寓绳匠胡同北头路东，屋甚好，共十八间，每月房租京钱二十千文。前在棉花胡同，房甚②逼仄，此时房屋③爽垲（kǎi），气象轩敞。男与九弟言，恨不能接堂上各大人来京住此。

男身体平安，九弟亦如常，前不过小恙，两日即愈，未服补剂。甲三自病体复元后，日见肥胖，每日欢呼趋走，精神不倦。家妇亦如恒。九弟《礼记》读完，现读《周礼》。

心斋兄于八月十六日，男向渠借银四十千，付寄家用。渠允于到湘乡时送银二十八两交勤七叔处，转交男家，且言万不致误。男订待渠到京日偿还其银，若到家中，不必还他。又男寄冬菜一篓、朱尧阶寿屏一付，在心斋处。冬菜托勤七叔送至家，寿屏托交朱啸山转寄。

香海处，日内准有信去，王睢园处，去冬有信去，至今无回信，殊不可解。

颜字不宜写白折，男拟改临褚柳。去年跪托叔父大人之事，承已代觅一具，感戴之至，④稽首万拜，若得再觅一具，即于今冬明春办就更妙。敬谢叔父，另有信一函。在京一切，自知谨慎。

曾国藩的智慧

男跪禀。

道光二十一年八月十七日

译文

儿子国藩跪着禀告父母亲大人万福金安：

十四日接到家信，内有父亲、叔父、丹阁叔的信各一件，知道丹阁叔考取县学生员，并且堂上各大人身体康健，不胜欣幸。

儿子于八月初六日移住绳匠胡同北头东屋，房子很好，一共十八间，每月房租京钱二十千文。以前在棉花胡同，房子太局促，现在房子清爽干燥，气象轩敞。儿子和九弟说，恨不能接堂上各大人来京城居住。

儿子身体平安，九弟也如常，日前不过一点小病，两天便好了，没有吃补药，甲三自病体复原后，一天天胖了，每天欢呼趋走，精神不倦。长媳妇也如常。九弟《礼记》已读完，现在读《周礼》。

心斋兄在八月十六日，儿子向他借银四十千，寄回家用，他答应到湘乡时送银子二十八两交勤七叔处，转交咱们家，并且说万无一失。儿子与他约定，他回京城时偿还他，如果到家里，不必还他。又儿子寄有冬菜一篓、朱尧阶寿屏一副，在心斋处。冬菜托交勤七叔送到家里，寿屏托朱啸山转寄。

香海处，近日内准定有信去，王瞕园处，去年冬天有信去，至今没有音信，真不可理解。

颜体字不适宜写白折，儿子准备改临褚、柳体。去年跪托叔父大人的事，承他找了一具，感激之至！叩头万拜。如果再找一具，就在今冬明春办更妙。敬谢叔父，另有信一封。儿子在京城一切自己知道谨慎。

儿子跪禀。

道光二十一年八月十七日

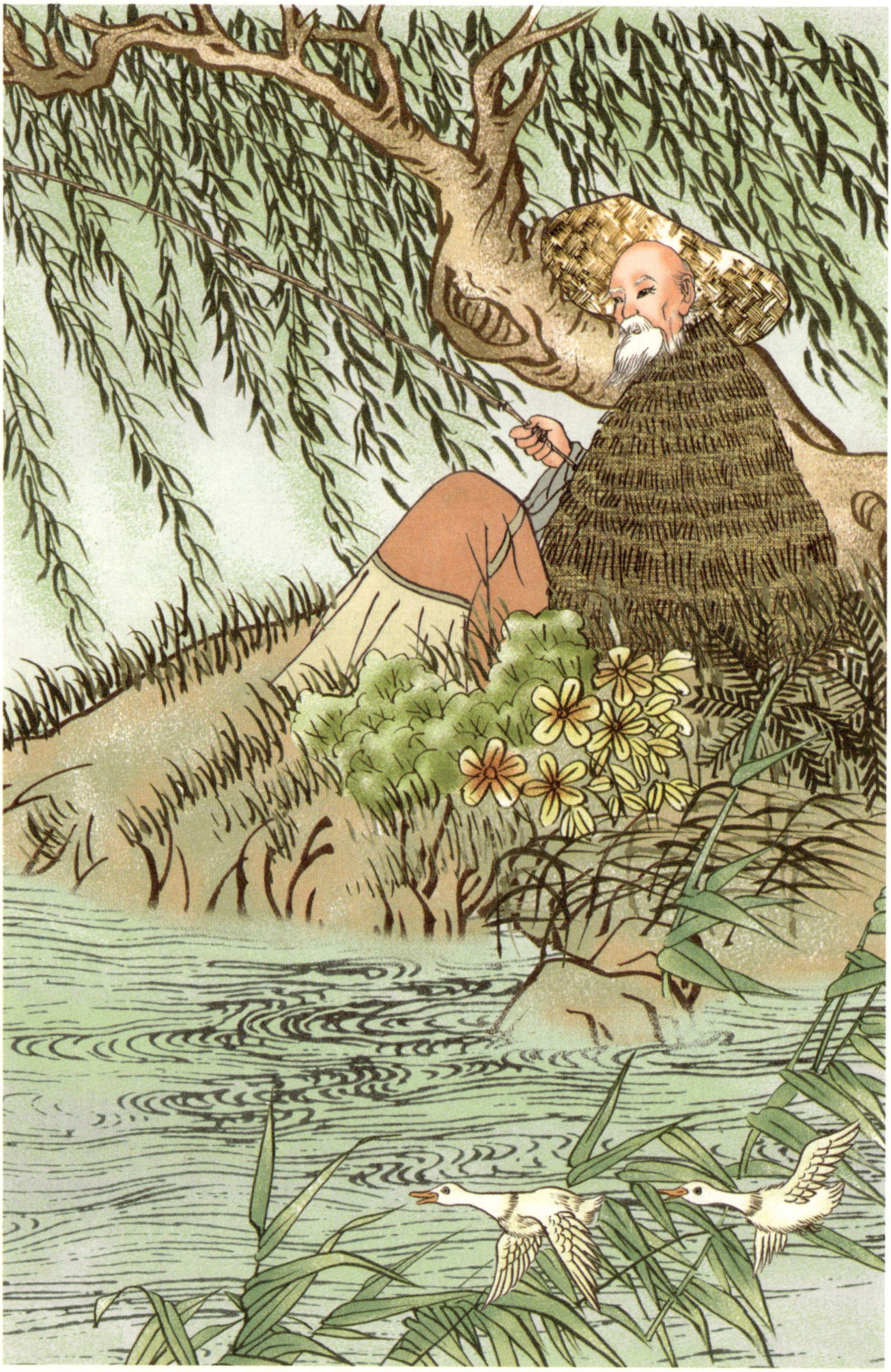

禀父母·在外借债过年

原文

男国藩跪禀父母亲大人万福金安:

十一月十八男有信寄呈,写十五日生女事,不知到否? 昨十二月十六日奉到①手谕,知家中百事顺遂,不胜欣幸。男等在京身体平安,孙男孙女皆好。现在共用四人,荆七专抱孙男,以春梅事多,不能兼顾也。孙男每日清晨与男同起,即送出外,夜始接归②上房。孙女满月,有客一席。

九弟读书,近有李碧峰同居,较有乐趣。男精神不甚好,不能勤教,亦不督责。每日兄弟笑语欢娱,萧然自乐,而九弟似有进境,兹将昨日课文原稿呈上。

男今年过年,除用去会馆房租六十千外,又借银五十两。前日冀望外间或有炭赀之赠,今冬乃绝无此项。闻今年家中可尽完旧债,是男在外有负累,而家无负累,此最可喜之事。岱云则南北负累,时常忧贫。然其人③忠信笃敬见信于人,亦无窘迫之时。

同乡京官俞岱青先生告假,拟明年春初出京,男有干鹿肉托渠带回。杜兰溪、周华甫皆拟送家眷出京。岱云约男同送家眷,男不肯送,渠谋亦中止。彭山屺出京,男为代借五十金,昨已如数付来。心斋临行时,约送银二十八两至勤七叔处转交我家,不知能④践言否?嗣后家中信来,四弟、六弟各写数行,能写长信更好。

男谨禀。

名师按语

①手谕:自上告下称为谕,故父母写给子女的信称为手谕。

②上房:内室。

③忠信笃敬:指忠诚可信,笃厚可敬。

④践言:践行诺言。

道光二十一年十二月二十一日

译文

儿子国藩跪着禀告父母亲大人万福金安：

十一月十八日，儿子呈寄给父母大人，信中写了儿妇十五日生了个女儿的事，不知收到没有？昨天十二月十六日接到手谕，知道家里百事顺遂，不胜欣幸！儿等在京城身体平安，孙儿孙女都好。现在请了四个人，荆七专门带孙儿，因春梅事情多了，不能兼顾。孙儿每天早晨与我同时起床，便送他出外，晚上才接回上房。孙女满月，请了一桌。

九弟读书，近来有李碧峰同住，比较有乐趣。儿子精神不是很好，不能勤教，也不督责。每天兄弟笑语欢娱，怡然自乐，而九弟似乎有了进步，现将昨天的课文原稿呈上。

儿子今年过年，除花掉会馆房租六十千以外，又借了五十两白银。前段日子希望外面或许会送寒炭费，今年冬天绝没有这个项目。听说今年家里可以把旧债还清，儿子在外有负担拖累，家里没有，这是最可喜的事。岱云则被南北两方面的负担拖累，时常忧贫。然而这个人忠诚可信，笃厚敬重，为他人所信赖，也没有窘迫的时候。

同乡京官俞岱青先生告假，准备明年春初离京，儿子有鹿肉托他带回。杜兰溪、周华甫准备送家眷离京。岱云约儿子同送家眷，儿子不肯送，他的计划只得停止。彭山屺离京，儿子为他代借了五十两银子，昨已如数付来。心斋临走时，约他送二十八两银子到勤七叔处，转交我家，不知道他能不能照着办？以后家中来信，四弟、六弟各写几行，能够写长信更好。

儿子谨禀。

道光二十一年十二月二十一日

曾国藩的智慧

禀祖父母·要叔父教训诸弟以管家事

原文

孙男国藩跪禀祖父母大人万福金安：

三月十一日发家信第四号，四月初十、二十三发第五号、第六号，后两号皆寄省城陈家。因寄有银、参、笔、帖等物，待诸弟晋省时，当面去接。四月二十一日接壬寅第二号家信，内祖父、父亲、叔父手书各一，两弟信并诗文俱收。伏读祖父手谕，字迹与早年相同，知精神较健，家中老幼平安，不胜欣幸。游子在外，最重惟平安二字。承叔父代办寿具，兄弟感恩，何以图报！

湘潭带漆，必须多带。此物难辨真假，不可邀人去同买，反有①奸弊。在省考试时，与朋友问看漆之法，多问则必能知一二，若临买时向纸行邀人同去，则必吃亏。如不知看漆之法，则今年不必买太多，待明年讲究熟习，再买不迟。今年漆新寿具之时，祖父母寿具必须加漆，以后每年加漆一次。四具同加，约计每年漆钱多少，写信来京，孙付至省城甚易。此事万不可从俭，子孙所为报恩之处，惟此最为切实，其余皆虚文也。孙意总以厚漆为主，由一层以加至数十层，愈厚愈坚；不必多用瓷灰、②夏布等物，恐其与漆不相胶粘，历久而脱壳也。然此事孙未尝经历讲究，不知如何而后尽善。家中如何办法，望四弟写信详细告知，更望叔父教训诸弟经理家事。

心斋兄去年临行时，言到县即送银二十八两至我

①奸弊：奸诈的弊病。

②夏布：以未经脱胶或脱胶较轻的苎麻韧皮为原料，用土法手工纺绩成纱而织成的布。

名师按语

③通挪：互相挪借钱财。

④牛痘：牛体发痘，其毒性比天痘轻，取其移种人体，可免天痘。

家。孙因十叔所代之钱，恐家中年底难办，故向心斋③通挪，因渠曾挪过孙的。今渠既未送来，则不必向渠借也。家中目下敷用不缺，此孙所第一放心者。孙在京已借银二百两，此地通挪甚易，故不甚窘迫，恐不能顾家耳。

曾孙兄妹二人体甚好，四月二十三日已种牛痘，万无一失。系广东京官设局济活贫家婴儿，不取一钱。兹附回种法一张，敬呈慈览。湘潭、长沙皆有④牛痘公局，可惜乡间无人知之。

英夷去年攻占浙江宁波府及定海、镇海两县，今年退出宁波，攻占乍浦，极可痛恨。京城人心安静如无事时，想不日可殄(tiǎn)灭也。

孙谨禀。

道光二十二年四月二十七日

译文

孙儿国藩跪禀祖父母大人万福金安：

三月十一日寄出第四封家信，四月十日、二十三日寄出第五封、第六封家信。后两封信都寄到了省城陈家。寄有银子、人参、笔、帖等物品，等到弟弟们到省城时当面去取。四月二十一日，接到壬寅第二号信，其中祖父、父亲、叔父亲笔信各一封，两位弟弟的信和诗文都收到了。伏读祖父手谕，字迹和早年相同，知道精神比较强健，家中老少平安，不胜欣幸！游子在外，最重要的只有"平安"二字。承叔父代办寿具，我们兄弟十分感恩，不知如何报答？

湘潭带漆，必须多带。这种东西难以分清真货假货，不可以邀人去同买，否则，反有可能产生被奸诈欺凌的弊端。在省考试时，向朋友请教看漆的方法，多问就能略知一二了，如果临买漆时，邀请纸行人同去，那一定吃亏。如不知

看漆的方法,那今年不必买得太多,等明年懂得熟悉了,再买也不迟。今年漆新寿具时,祖父祖母的寿具必须加漆,以后每年加漆一次。四具同时加,大约每年漆钱要多少,写信来京城,孙儿寄钱到省城很容易。这件事万万不可以从俭,子孙所要报恩的地方,只有这个最为切实,其余的都是空文章。孙儿的意思,总以厚漆为主,由一层加到几十层,越厚越坚固,不必多用瓷灰、夏布等,恐怕这些东西与漆不相粘合,时间久了会脱壳。然而这件事孙儿没有经历讲究,不知道要怎样做才尽善尽美。家中怎么筹办,希望四弟详细写信告知,更希望叔父教训几位弟弟经理家事。

心斋兄去年临走时,说到县便送银二十八两到我家。孙儿因为十叔所代的钱,恐家里年底难办,所以向心斋挪借,因他曾经挪过孙儿的,现在他既然没有送来,那就不必向他借了。家里现在还不缺钱花,是孙儿所第一放心的,孙儿在京城已借了银子二百两。这里挪借很容易,所以不很窘迫,只恐怕不能顾家。

曾孙兄妹两人身体很好。四月二十三日,已种了牛痘,万无一失,是广东京官设局救济贫困婴儿,不取分文。现寄回种牛痘法一张,敬呈堂上大人一看。湘潭、长沙都有牛痘公局,可惜乡里没有一人知道。

英夷去年攻占浙江宁波府及定海、镇海两县,今年退出宁波,攻占乍浦,极可痛恨。京城人心安静得好像没事一样,我想不久当可歼灭。

孙儿谨禀。

道光二十二年四月二十七日

禀祖父母·先馈赠亲戚族人

原文

孙国藩跪禀祖父母大人万福金安:

曾国藩的智慧

二月十四孙发第二号信，不知已收到否？孙身体平安，孙妇及曾孙男女皆好。孙去年腊月十八曾寄信到家，言寄家银一千两，以六百为家还债之用，以四百为馈赠亲族之用，其分赠数目，另载寄弟信中，以明不敢自专之义也。后接家信，知兑啸山百三十千，则此银已亏空一百矣，顷闻曾受恬丁艰，其借银恐难遽完，则又亏空一百矣，所存仅八百，而家中旧债尚多，馈赠亲族之银，系孙一人愚见，不知祖父母、父亲、叔父以为可行否？伏乞①裁夺。

孙所以②汲汲馈赠者，盖有二故：③一则我家气运太盛，不可不格外小心，以为持盈保泰之道，旧债尽清，则好处太全，恐盈极生亏；留债不清，则好中不足，亦处乐之法也。二则各亲戚家皆贫，而年老者，今不略为资助，则他日不知何如。孙自入都后，如彭满舅曾祖、彭王姑母、欧阳岳祖母、江通十舅，已死数人矣。再过数年，则意中所欲馈赠之人，正不知何若矣。家中之债，今虽不还，后尚可还；赠人之举，今若不为，后必悔之！此二者，孙之愚见如此。

然孙④少不更事，未能远谋，一切求祖父、叔父做主，孙断不敢擅自专权。其银待欧阳小岑南归，孙寄一大箱，衣物银两概寄渠处，孙认一半车钱。彼时再有信回。

孙谨禀。

道光二十四年三月初十日

名师按语

①裁夺：量度而断其可否。

②汲汲：同"急急"。

③曾氏抱有"求缺"的思想，他认为在钱财上有所欠缺，才能使家族的兴旺保持得更为长久。

④少不更事：年少未曾经历过大事。

译文

孙儿国藩跪禀祖父母大人万福金安：

二月十四日孙子寄出第二封信，不知收到没有？孙儿身体平安，孙妇及曾孙子女们都好。孙儿去年十二月十八日曾经寄信到家，说寄家用银子一千两。其中，六百两还债，四百两赠送亲戚族人，分送数目另写在给弟弟的信中，表明我不敢自己专断的意思。后来接到家信，知道给了啸山一百三十多两，这笔银子便少一百两了。刚刚听说曾受恬堂上有丧事，他借的银子恐怕难以迅速付还，那又亏空一百两了。所以仅仅剩下八百两，我家旧债还多，送亲戚族人的钱，是孙儿一个人的愚蠢见解，不知祖父母大人、父亲、叔父以为可行不可行？伏乞裁决定夺。

孙儿所以急于送赠，有两个缘故：一是我家气运太盛了，不可以不格外小心，要注意持盈保泰的道理。旧账还尽，好处最全，恐怕盈到极点便转为亏损，留点债不还清，那虽美中不足，但也是处于乐处的办法；二是各亲戚家都穷，而年老的，现在不略加资助，以后不知怎么样。自从孙儿进入京城后，如彭满舅曾祖、彭王姑母、欧阳岳祖母、江通十舅，已死了几个。若再过几年，我们想要送赠的人是否健在，还不知道呢。所以，家里的债，现在不还，以后还可以还，送人的事，现在不做，以后便只有后悔了。这两个说法，是孙儿的愚见。

孙儿年轻不懂事，没有什么远见，一切请祖父、叔父做主，孙儿绝不敢自己专权。这笔银子等欧阳小岑回湖南，孙儿寄回一个大箱，衣物、银两一概寄到他那里，孙儿负担一半路费，那时再有信回。

孙儿谨禀。

道光二十四年三月初十日

禀祖父母·赠亲戚族人数目

原文

孙男国藩跪禀祖父母大人万福金安：

八月二十七，接到七月十五、二十五两次所发之信，内祖父母各一信，父亲、母亲、叔父各一信，诸弟亦皆有信，欣悉一切，慰幸之至！叔父之病，得此次信，始可放心。

八月二十八日，陈岱云之弟送灵榇回南坐粮船，孙以率五妹丈与之同伴南归。船钱饭钱，陈宅皆不受。孙送至城外，率五挥泪而别，甚为可怜！率五来意，本欲考供事，①冀得一官以养家。孙以供事必须十余年，乃可得一典史，宦海风波，安危莫卜，卑官小吏，尤多危机，每见佐杂末秩，下场鲜有好者。孙在外已久，阅历已多，故再三苦言劝率五居乡，勤俭守旧，不必出外做官。劝之既久，率五亦以为然。其打发行李诸物，孙一一办妥，另开单呈览。

孙送率五归家，即于是日申刻生女，母女俱平安。前正月间，孙寄银回南，有馈赠亲族之意，理宜由堂上定数目，方合内则不敢私与之道。孙此时糊涂，擅开一单，轻重之际，多不妥当，幸堂上各大人斟酌增减，方为得宜，但岳家太多，他处相形见绌，孙稍有不安耳。率五大约在春初可以到家，渠不告而出②心中怀惭，到家后望大人不加责，并戒家中及近处无相讥训为幸。

孙谨禀。

道光二十四年八月二十九日

①冀：希望。

②心中怀惭：心中感到惭愧的意思。

译文

孙儿国藩跪禀祖父母大人万福金安：

八月二十七日，接到七月十五日、二十五日两次所发的信，其中，祖父母各一封，父母亲、叔父各一封，各位弟弟也都有信，欣悉一切！叔父的病，得了信之后才放了心。

八月二十八日，陈岱云的弟弟送灵柩回湖南，坐的是粮船，孙儿叫率五妹夫与他结伴同回。船钱饭钱，陈家都不收。孙儿送到城外，与率五挥泪告别，很为可怜。率五来意，本想考供事，希望得一个官位养家。孙儿认为供事必须十多年，才可以得做典史，官场风波，安危难测，官小职微，危险更多，每每看见小官小吏等，他们的下场没有几个好的。孙儿在外久了，阅历也多了，所以再三苦劝率五回乡，勤俭守旧业，不必出外做官。劝了很久之后，率五才同意了。他打发的行李各物，孙儿一一办妥，另开一单呈上。

孙儿送率五回家，当天申刻生了一女，母女都平安。正月间孙儿曾寄银子回湖南，有送亲戚族人的意思，照理应该由堂上大人确定数目，才合乎对内不敢私自给人财物的道理。孙儿这时糊涂，擅自开了一个单子，在分送的轻重方面，很多地方不够妥当，幸亏堂上各大人研究斟酌，加以增减，才算合宜，但岳家太多，其他各处相形见绌，孙儿有点不安。率五大约在春初可以到家，他不告家里出门，心里很感到惭愧，到家之后，希望堂上大人不加责备，并叫家里人和附近的人不要讥笑他。

孙儿谨禀。

道光二十四年八月二十九日

致诸弟·取款及托带银

四位老弟足下：

二月有折差到京，余因眼蒙，故未写信。三月初三接到正月二十四所发家信，无事不详悉，欣喜之至。此次眼尚微红，不敢多作字，故未另禀堂上，一切详此书中，烦弟等代禀告焉。

去年所寄银，余有分馈亲族之意。①厥后屡次信问，总未详明示悉。顷奉父亲示谕，云皆已周到，酌量减半。然以余所闻，亦有过于半者，亦有不及一半者。下次信来，务求九弟开一单告我为幸。

岷山东海之银，本有利息，余拟送他高丽参共半斤，挂屏、对联各一副，或者可少减利钱，待公车归时带回。

父亲手谕要寄银百两回家，亦待公车带回。有此一项，则可以还率五之钱矣。率五想已到家，渠是好体面之人，不必时时责备他，惟以体面待他，渠亦自然学好。

兰姊买田，可喜之至。惟与人同居，小事要看松些，不可在在讨人恼。

欧阳牧云要与我重订婚姻，我非不愿，但渠与其妹是同胞所生，兄妹之子女，犹然骨肉也。古者婚姻之道，所以厚别也，故同姓不婚。中表为婚，此俗礼之大失。譬如嫁女而号泣，奠礼而三献，丧事而用乐，此皆俗礼之失，我辈不可不力辨之。四弟以此义告牧云，吾徐当作信覆告也。

六弟信中言功课在廉让之间，引语殊不可解。所需书籍惟《子史精华》家中现有，准托公车带归。《汉魏

①厥后：过后。

名师按语

百三家》京城甚贵,余已托人在扬州买,尚未接到。《稗海》及《绥寇纪略》亦贵,且寄此书与人则必帮人车价,因此书尚非吾弟所宜急务者,故不买寄。元明名古文尚无选本,近来邵蕙西已选元文,渠劝我选明文,我因无暇尚未选。古文选本,惟姚姬传先生所选本最好,吾近来圈过一遍,可于公车带回,六弟用墨笔加圈一遍可也。

九弟诗大进,读之为之距跃三百,即和四章寄回,树堂、筠仙、意城三君皆各有和章。诗之为道,各人门径不同,难执一己之成见以概论。吾前教四弟学袁简斋,以四弟笔情与袁相近也。今观九弟笔情,则与元遗山相近。吾教诸弟学诗无别法,但须看一家之专集,不可读选本以②汨没性灵,至要至要!吾于五七古学杜韩,五七律学杜,此二家无一字不细看;外此则古诗学苏黄,律诗学义山,此三家亦无一字不看;五家之外,则用功浅矣。我之门径如此,诸弟或从我行,或别寻门径,随人性之所近而为之可耳。

余近来事极繁,然无日不看书,今年已批韩诗一部,正月十八批毕。现在批《史记》已三之二,大约四月可批完。诸弟所看书望详示,邻里有事,亦望示知。

国藩手草。

道光二十五年三月初五日

②汨没:埋没,掩没。

译文

四位老弟足下:

二月通信兵到京,我因为眼睛蒙障,所以没有写信。三月初三,接到正月二

十四日所发家信，没有事情不详知，欣喜之至！这次眼还微微发红，不敢多写字，所以没有另外写信禀告堂上大人，一切详写在这封信里，烦弟弟们代为禀告。

去年所寄银子，我有分送亲戚族人的意思，以后多次写信询问，都没有得到详细明白的回示，刚奉父亲手谕说："都已周到办理，考虑具体情况减少一半。"然而，我听说有超过一半的，也有不到一半的，下次来信，务求九弟开一个单子告我为幸！

岷山东海的银子本来有利息，我准备送他高丽参半斤，挂屏、对联各一副，或者可以减少一点利息，等官车回时带回。

父亲手谕，要我寄一百两银子回家，也等官车带回。有这一笔钱，那就可以还率五的钱了。率五想必已到家，他是要面子的人，不要时刻责备他，只有体面地对待他，保护他的自尊，他也自然会学好。

兰姊买田，可喜之至！只是与别人同住，小事情要看轻松点，不可处处招人嫌。

欧阳牧云要与我家重订婚姻，我不是不愿意，但他与他妹妹是同胞所生，兄妹的子女、好比骨肉亲人，古人的婚姻观念，非常注重区别，所以同姓不通婚，亲老表为婚，是世俗礼仪的大忌。如嫁女时哭泣，祭礼时三献，丧事时用乐器，都是习俗不允许的，我们不可以不加明辨。四弟要把这个意思告诉牧云，我过些时候也会给他回信。

六弟信中说功课在廉让之间，这句话真不好理解。所需书籍，只有《子史精华》是我处现有，打算托官车带回。《汉魏百三家》京城很贵，我已托人到扬州去买，还没有买到。《稗海》和《绥寇纪略》也贵，并且托寄此书，要付人家车费，此书还不是弟弟现在急需读的，所以不买了。元明名古文还没有选本，近来邵蕙西已选元文，他劝我选明文，我因为没有空，还没有选。古文选本，只有姚姬传先生所选本子最好，我近来圈过一遍，可托官车带回，六弟用墨笔加圈一遍吧！

九弟写诗大有进步，我读了高兴得又蹦又跳，马上和了四章寄回。树堂、筠仙、意城三君都各有和诗。诗为文学的一种形式，各人的门径不相同，难于偏执一个人的见解去概括议论。我从前教四弟学袁简斋，是因为四弟的风格与袁相

曾国藩的智慧

近。现在看九弟的风格,则和元遗山相近。我教弟弟们学诗没有别的方法,强调要看一家的专集,不可以读选本,以致把自己的个性弄丢了,至为重要啊!我对于五、七言古体学杜、韩,五、七言律诗学杜,这两家没有一个字不细看;此外,古诗学苏黄,律诗学义山,这三家也没有一个字不看;五家之外,用的工夫就浅了,我的门径就这样,弟弟们或者走我的门径,或者另外找自己的门径,随自己的性情相近的去做好了。

我近来事情繁多,但没有一天不看书,今年已批韩诗一部,正月十八日批完,现在批《史记》三分之二,大约四月可批完,弟弟们所看的书,希望详细告诉我,邻里间有事,也希望告知。

国藩手草。

道光二十五年三月初五日

赏析·启示

俗话说"巧妇难为无米之炊"。曾国藩的俸禄很有限,家用却浩繁,只好东借西挪,精打细理,于千头万绪中打理得井井有条,我们不得不佩服他高超的理财艺术。

首先从"俭"字入手,他深受祖父的影响,能省则省,绝不妄用一厘钱。在寄给家人的书信中,他教导家人要以节俭为尚,不可滥用钱财。另一方面,又多次在家信中吩咐家人将自己寄回的钱财匀出一部分资助族中贫苦之人。其次他又存有"求缺"思想,从不积攒钱财,而是用来购买义田及资助族人,他认为在钱财上有所欠缺,才能使家族的福分保持得更为长久。再者精用钱财,"精打细算",将钱财用在当用之处,避免有用之财花费在无谓之事上。只有这样才能理好家财,操持好以后的生活。

曾国藩在持家理财方面的才能显示出他在治家上的成功,也反映出他丰富的人生阅历和人生智慧。

学习·拓展

阿堵物

西晋大臣王衍是当时士大夫阶层中清高得无以复加的代表。他将钱看得很轻，认为钱是俗不可耐的东西，无论在任何场合都绝口不提一个钱字。而与之形成鲜明对比的，他的妻子郭氏却爱财如命，家里堆满了黄金。一天晚上，郭氏命丫鬟用钱将熟睡中的王衍团团围住，一定要逼得他说出一个"钱"字。不料，第二天王衍醒来后，却唤丫鬟说："举却阿堵物"。"阿堵物"是王衍情急之下随意找的一个代名词，大致相当于现代汉语中的"这个东西"。之后，"阿堵物"成为钱的一个别称。

交友篇

古人说，"与善人交，如入芝兰之室，久而不闻其香；与恶人交，如入鲍鱼之肆，久而不闻其臭。"交友之贤愚，关乎我们事业发展。人的一生如果结交好的朋友，不仅可以在感情上相互慰藉，还可以患难与共，相互砥砺和影响，成为事业发展道路上的得力助手。

曾国藩很早就领悟到了朋友的重要，所以无论是在生活、为学还是在从政上都十分重视广交诤友。这些朋友对他的人生及事业产生了重要影响。其中有指导他修身为学者，有出谋划策者，有赏识提拔者，还有在危难之时为他赴汤蹈火者。曾国藩一生道德、军功、文章三不朽，这得益于他独特的交友之道。

然而择友之道看似简单，但真正实行起来则繁难。本篇所选书信记载了大量的曾氏择师交友的体会，这些经验对于浮躁的我们或有借鉴之处。

致诸弟·交友拜师宜专一

原文

四位老弟左右：

名师按语

①曾氏语重心长地告诫四位弟弟拜师交友贵在专一的道理,体现出他作为兄长极为负责的态度。

②师表:品德学问上值得学习的榜样。

③检点:注意约束。

六弟九弟今年仍读书省城,罗罗山兄处附课甚好。既在此附课,则不必送诗文与他处看,以明有所专主也。①凡事皆贵专,求师不专则受益也不入;求友不专则博爱而不亲。心有所专宗,而博观他途,以扩其识,亦无不可;无所专宗,而见异思迁,此眩彼夺,则大不可。罗山兄甚为刘霞仙、欧晓岑所推服,有杨生任光者,亦能道其梗概,则其可为②师表明矣,惜吾不得常与居游也。在省用钱,可在家中支用(银三十两则够二弟一年之用矣,亦在吾寄一千两之内),予不能别寄与弟也。

我去年十一月二十日到京,彼时无折差回南,至十二月中旬始发信,乃两弟之信骂我糊涂,何不③检点至此! 赵子舟与我同行,曾无一信,其"糊涂"更何如耶? 余自去年五月底至腊月初未尝接一家信,我在蜀可写信由京寄家,岂家中信不可由京寄蜀耶? 又将骂何人糊涂耶? 凡动笔不可不检点。

九弟与郑、陈、冯、曹四信,写作俱佳,可喜之至。六弟与我信字太草率,此关乎一生福分,故不能不告汝也。四弟写信语太不圆,由于天分,吾不复责。

道光二十四年正月二十六日

译文

四位老弟左右:

六弟、九弟今年仍旧在省城读书,在罗罗山兄处听课很好。既然在那里读书,就不必送诗文到其他老师处看,以表示有所专一。任何事情都贵在专一,求师不专,则受益也很难;求友不专,则大家都亲亲热热却不亲近。心里有专一的宗旨,而博观其他途径来增长自己的见识,也是可以的;心里没有专一的宗旨,而见异思迁，这山望着那山高，那就大错特错了。罗山兄深为刘霞仙、欧晓岑他们所推崇，有一个叫杨任光的，对他的学识也能说出个大概，那他为人师表是当之无愧了，可惜我不能常常和他一起交流。在省城的费用，可在家里支用(三十两银子够两个弟弟一年的花费了，也在我寄给家里的一千两之内)，我不能另外再寄了。

我去年十一月二十日到京，那时没有折差回湖南，到十二月中旬才发信，结果两个弟弟来信骂我糊涂，为何这样不注意约束？赵子舟和我同路，一封信也没有写，那他的糊涂更如何？我自去年五月底到腊月初没有收到过一封家信，我在四川可以写信由京城寄家里，难道家里不可以写信由京城转寄四川吗？那又该骂谁糊涂呢？下笔时，不可以不注意约束。

九弟与郑、陈、冯、曹的信各一封，写作俱佳，可喜之至。六弟给我的信字太潦草，这是关系一生福分的事，所以不能不告诉你。四弟写信语言太不圆熟，是因天分不够，我不再责备他。

道光二十四年正月二十六日

致诸弟·必须亲近良友

原文

四位老弟左右：

四月十六日曾写信交①折弁(biàn)带回，想已收到。十七日，朱啸山南归，托带②纹银百两，高丽参一斤半，书一包，计九套。兹因冯树堂南还，又托带寿屏一架，狼兼毫笔二十支，鹿胶二斤，对联条幅一包(内金年伯耀南四条，朱岚暄四条，萧辛五对一副，江岷山母舅四条，东海舅父四条，父亲横批一个，叔父折扇一柄)，

名师按语

①折弁：信使。
②纹银：清朝时流通的货币名称。

名师按语

③殷勤：诚恳。

乞照单查收。前信言送江岷山、东海高丽参六两，送金耀南年伯参二两，皆必不可不送之物，惟诸弟禀告父亲大人送之可也。

树堂归后，我家先生尚未定。诸弟若在省得见树堂，不可不③殷勤亲近，亲近愈久，获益愈多。今年湖南萧史楼得状元，可谓极盛，八进士皆在长沙，黄琴坞之胞兄及令嗣皆中，亦长沙人也。余续具。

兄国藩手草。

道光二十五年四月二十四日

译文

四位老弟左右：

四月十六日曾写信交信使带回，想必已经收到。十七日朱啸山回湖南，托他带一百两银子，一斤半高丽参，一包书，共九套。因冯树堂回湖南，又托他带寿屏一架，狼兼毫笔二十支，鹿胶二斤，对联、条幅一包（内有：金年伯耀南四条，朱岚暄四条，萧辛五对一副，江岷山母舅四条，东海舅父四条，父亲横批一个，叔父折扇一柄），请照单查收。前不久的信上说送江岷山、东海高丽参六两，送金年伯参二两，都是必须要送的，只是弟弟们要先禀告父亲大人，然后再送。

树堂回去后，我家老师还没有定。弟弟们如果在省城遇见树堂，不可不殷勤亲近，亲近越久，得益越多。今年湖南萧史楼得了状元，可说是极盛，八个进士都在长沙，黄琴坞的胞兄及其儿子都考中，也是长沙人。其余以后再写。

兄国藩手草。

道光二十五年四月二十四日

致诸弟·交友须勤加来往

原文

澄侯四弟、子植九弟、季洪二弟左右：

昨接来信，家中诸事，琐屑毕知，不胜欢慰！祖大人之病，意以服沉香少愈，幸甚！然予终疑祖大人之体本好，因服补药太多，致火壅于上焦，不能下降。虽服沉香而愈，尚恐非切中肯①綮(qìng)之剂，要须服清导之品，降火滋阴为妙，予虽不知医理，窃疑必须如此。上次家书，亦曾写及，不知曾与诸弟商酌否？丁酉年祖大人之病，亦误服补剂，赖泽六爷投以凉药而效，此次何以总不请泽六爷一诊？泽六爷近年待我家甚好，即不请他诊病，亦须澄弟到他处常常来往，不可太疏，大小喜事，宜常送礼。

尧阶既允为我觅妥地，如其觅得，即听渠买，买后或迁或否，仍由堂上大人做主，诸弟不必执见。上次信言，予思归甚切，嘱弟探堂上大人意思何如？顷奉父亲手书，责我甚切，兄自是谨遵父命，不敢作归计矣。郭筠仙兄弟于二月二十到京，筠仙与其叔及江岷樵住张相公庙，去我家甚近，翌臣即住我家，树堂亦在我家入场。我家又添二人服侍李、郭二君，大约榜后退一人，只用一打杂人耳。

筠仙自江西来，述岱云母之意，欲我将第二女许配渠第二子，求婚之意甚诚。前年岱云在京，亦曾托曹西垣说及，予答以缓几年再议，今又托筠仙为媒，情与势皆不可却。岱云兄弟之为人，与其居官治家之道，九弟

① 綮：同中肯，此处形容切中要害。

在江西一一目击。烦九弟细告父母，并告祖父，求堂上大人吩咐，或对或否，以便答江西之信。予夫妇现无成见，对之意有六分，不对之意亦有四分，但求直大人主张。九弟去年在江西，予前信稍有微词，不过恐人看轻耳，仔细思之，亦无妨碍，且有莫之为而为者，九弟不必自悔艾也。

碾儿胡同之屋，房东四月要回京。予已看南横街圆通观东间壁房屋一年，大约三月尾可移寓。此房系汪醇卿之宅，比碾儿胡同狭一小半，取其不费力易搬，故暂移彼，若有好房，当再迁移。黄秋农之银已付还，加利十两，予仍退之。曹仪斋正月二十六在省起行，二月二十九日到京，凌笛舟正月二十八起行，亦二十九到京，可谓快极，而澄弟出京，偏延至七十余天始到，人事之无定如此。

新举人复试题"人而无恒，不知其可"二句，赋得鸧(cāng)鹒(gēng)，得鸣字，四等十一人，各罚停会试二科，湖南无之。我身癣疾，春间略发而不甚为害。有人说方，将石灰澄清水，用水调桐油擦之，则白皮立去，如前年擦铜绿膏。予现二三日一擦，使之不起白皮，剃头后不过微露红影，虽召见亦无碍。除头顶外，他处皆不擦，以其仅能济一时，不能除根也。内人及子女皆平安。

今年分房，同乡仅恕皆，同年仅松泉与寄云大弟，未免太少。余虽不得差，一切自有张罗，家中不必挂心。今日余写信颇多，又系冯、李诸君出场之日，实无片刻暇，故予未作楷信禀堂上，乞弟代为我说明。澄弟理家事之间，须时时看《五种遗规》。植弟、洪弟须发愤读书，不必管家事。

兄国藩草。
道光二十六年三月初十日

译文

澄侯四弟、子植九弟、季洪二弟左右：

昨天接到来信，家里的大小事情，全都知道了，非常高兴！祖父大人的病，竟然吃了沉香之后好些，真幸运！但是我总是怀疑祖父大人身体本来很好，因为吃补药太多，以致火壅在上焦，不能下降。虽说吃了沉香好了些，恐怕并不是切中要害的方剂，而应吃清理疏导的药，降火滋阴才是上策。我虽不懂医理，暗想一定是这样。上次信中也曾写到，不知和弟弟们商量斟酌过没有？丁酉年祖父大人的病也是误吃补药，全赖泽六爷下了凉药才好，这次为什么不请泽六爷看病呢？泽六爷近年对我家很好，哪怕不请他看病，也应该让澄弟常到他家走动，不可太疏远，他家若有大小喜事，要常送礼。

尧阶既然答应为我找块妥善的地，如果找到，就叫他买，买后迁与不迁，仍然由堂上大人做主，弟弟们不必固执己见。上次信中说，我回家心切，嘱咐弟弟们探询堂上大人意思如何？刚刚收到父亲的亲笔信，对我大加责备，兄长我当然谨遵父命，不敢有回家的打算了。郭筠仙兄弟于二月二十日到京，筠仙与他叔父以及江岷樵都住在张相公庙，离我家很近，翌臣就住在我家，树堂也从我家入场。我家增加了两个人服侍李、郭二君，大约发榜后辞掉一个，只用一个打杂的。

筠仙从江西来，说了岱云母亲的意思，想要我把二女儿许配给他家二少爷，结亲之意很诚恳。前年岱云在京城，也曾经托曹西垣说过，我主张缓几年再议，现在又托筠仙做媒，不论从感情上还是形势上来看都难以推辞。岱云兄弟的为人，以及他做官治家的表现，九弟在江西都是亲眼所见。麻烦九弟详细告诉父母、祖父，求堂上大人吩咐，是答应还是不答应，以便回复他。我夫妇并没有什么成见，答应的意思有六分，不答应的意思有四分，请堂上大人做主。九弟去年在江西，我上次信中稍有责备之意，不过是恐怕别人看轻罢了，仔细想起来，也没有妨碍，并且有无所为而为的情况，九弟不必自悔自艾。

碾儿胡同的房子的房东，四月要回京城。我已看了南横街圆通观东间壁的房子一所，大约三月底搬家。这房子是汪醇卿的住宅，比碾儿胡同的房子狭小一半，可取之处是搬家容易，所以暂时移居，如果有好房子再搬家。黄秋农的银子已还了，加利息十两，我都退还了。曾仪斋正月二十六日在省城起程，二月二十九日到京城。凌笛舟正月二十八日起程，也是二月二十九日到京城，可以说很快了，而澄弟离京城，却延至七十多天才到，世界上的事情就这样没有定数。

新举人复试题目是"人而无恒，不知其可"两句，赋得鸽鹈，得鸣字，四等十一人，各罚停会试两科，没有湖南籍的。我身上的癣疾春天略微发作了一点，但为害不太大。有人说，用石灰澄清水，用水调桐油擦，白皮马上可去，就像我前年擦铜绿膏一样。我现在两三天擦一次，使之不起白皮，剃头后不过露点红斑，即使皇上召见也没有妨碍。除头顶外，其他地方都不擦，因这方子只能治标，不能治本。内人及子女都平安。

今年分房，同乡只有恕皆，同年只有松泉和寄云弟，不免太少了。我虽然没有得到差事，一切自有打算，家中不必挂念。今天我写的信很长，又是冯、李诸君出场的日子，实在没有一点闲暇，所以没有写楷书信禀告堂上，求弟弟代我说明。澄弟在料理家事的空余，要时刻看看《五种遗规》。植弟、洪弟应发奋读书，不必分心管家事。

兄国藩草。

道光二十六年三月初十日

致诸弟·切勿占人便宜

名师按语

原文

澄侯、子植、季洪三弟足下：

　　自四月二十七日得大考谕旨以后，二十九发家信，五月十八又发一信，二十九又发一信，六月十八又发一信，不审俱收到否？二十五日接到澄弟六月一日所发信，俱悉一切，欣慰之至！发卷所走各家，一半系余旧友，惟屡次扰人，心殊不安。我自从己亥年在外①把戏，至今以为恨事。将来万一做外官，或督抚，或学政，从前

①把戏：蒙蔽人的手法。此指无故索取人财物。

曾国藩的智慧

施情于我者，或数百，或数千，皆钓饵也。渠若到任上来，不应则失之刻薄，应之则施一报十，尚不足满其欲。②故兄自庚子到京以来，于今八年，不肯轻受人惠，情愿人占我的便宜，断不肯我占人的便宜，将来若做外官，京城以内，无责报于我者。澄弟在京年余，亦得略见其概矣，此次澄弟所受各家之情，③成事不说，以后凡事不可占人半点便宜，不可轻取人财，切记切记！

彭十九家姻事，兄意彭家发泄将尽，不能久于④蕴蓄，此时以女对渠家，亦若从前之以蕙妹定王家也。目前非不华丽，而十年之外，局面亦必一变。澄弟一男二女，不知何以急急定婚若此？岂少缓须臾，即恐无亲家耶？贤弟行事多躁而少静，以后尚期三思。儿女姻缘，前生注定，我不敢阻，亦不敢劝，但嘱贤弟少安毋躁而已。

成忍斋府学教授系正七品，封赠一代，敕命二轴。朱心泉县学教谕，系正八品，仅封本身，父母则无封。心翁父母乃⑤貤(yì)封也。家中现有《搢绅》，何不一翻阅？牧云一等，汪三入学，皆为可喜。啸山教习，容当托曹西垣一查。

京寓中大小平安，纪泽读书已至"宗族称孝焉"，大女儿读书已至"吾十有五"。前三月买驴子一头，顷赵炳塈(kūn)又送一头。二品本应坐绿呢车，兄一切向来简朴，故仍坐蓝呢车。寓中用度比前较大，每年进项亦较多，其他外间进项，尚与从前相似。同乡人皆如旧，李竹屋在苏寄信来，立夫先生许以干馆，余不一一。

兄国藩手草。
道光二十七年六月二十七日

名师按语

②占了别人便宜，就欠下人情。人情是需要回报的，而这种回报很有可能会破坏自己的原则，危害到自己的利益。

③成事：已经过去的事。

④蕴蓄：积聚。

⑤貤封：官员呈请朝廷将自己所受的封爵名号移授给家族尊长。

总署

曾国藩的智慧

澄侯、子植、季洪三弟足下：

从四月二十七日得知大考的谕旨后，二十九日寄出家信，五月十八日又寄了一封信，二十九日又寄了一封信，六月十八日又寄了一封信，不知都收到没有？二十五日接到澄弟六月一日所寄的信，知道了一切，欣慰之至！朝廷公布试卷后所往来的各家，一半是我的老朋友，只是多次去打扰别人，心里很不安。我自从己亥年在外面周游，到今天仍然感到遗憾。将来万一做外官，或做督抚，或做学政，以前与我有过交情的人，或者几百，或者几千，都像钓鱼的食饵一样。他们如果到我的衙门上来，不答应他的要求吧，未免太刻薄了，答应他的要求吧，给他十倍的好处也不一定能满足他的欲望。所以自从兄长调到京城以来，至今八年，不肯轻易受别人的恩惠，宁可别人占我的便宜，我也决不去占别人的便宜，将来如果做外官，京城的人，没有人会责备我不报答。澄弟在京城一年多，也能大概知道的，这次澄弟所欠各家的情，已经成为事实不用再说，以后凡事不可以占人家半点便宜，不可轻易受人钱财，切记切记！

彭十九家姻事，兄长的意思彭家家运已到尽头，不可能长久了，这个时候把女儿许配给他家，好比以前把蕙妹许配王家一样。眼前他家也不是不得志，但十年之后，这种局面一定会有变化。澄弟只有一男二女，不知道为什么要这么急急忙忙定婚？难道稍微迟一刻，就怕找不到亲家？贤弟做事毛躁而不冷静，以后遇事都要三思而行。儿女姻缘，前生注定，我不敢阻拦，也不敢劝止，不过嘱咐贤弟少安毋躁罢了。

成忍斋府学教授是正七品，封赠一代，皇上敕命二轴。朱心泉任县学教谕，是正八品，仅封他本人，没有封赏他的父母。心翁的父母延续以前的诰封。家中现有《搢绅》，何不看一看？牧云考试得了第一等，汪三入了学，真是令人高兴。啸山教习的情况，容我让曹西垣查一查。

京城家里大小平安，纪泽读书已读到"宗族称孝焉"，大女儿读书已读到"吾十有五"。前三月买了一头驴子，不久赵炳堃又送来一头。二品官本应坐绿呢车，兄长平时一切俭朴，所以仍旧坐蓝呢车。家中开销比过去多，每年收入也多些了，其他额外收入仍与以前一样。同乡人情况照旧，李竹屋在苏寄了信来，宋立夫先生答应他到教馆任职，其余不一一写了。

兄国藩手草。

道光二十七年六月二十七日

致九弟·患难与共勿有遗憾

名师按语

原文

沅甫九弟左右：

十四日发第八号信，交春二等带往，并带璧还金、史两处银二百二十两，想将收到。是夕接弟初七夜信，得知一切。

贵溪紧急之说确否？近日消息何如？次青非常之才，带①勇虽非所长，然亦有百折不回之气。其在兄处，尤为肝胆照人，始终可感。兄在外数年，独惭无以对渠。去腊遣韩升至李家省视，其家略送②仪物。又与次青约成婚姻，以申永好。目下两家儿女无相当者，将来渠或三索得男，弟之次女、三女可与之订婚。兄信已许之矣。在吉安望常常与之通信。专人往返，想十余日可归也。但得次青生还与兄相见，则同甘苦患难诸人中，尚不至留莫大之愧歉耳。

昔耿恭简公谓居官以耐烦为第一要义，带勇亦然。兄之短处在此，屡次谆谆教弟亦在此。二十七日来书，有云"仰鼻息于傀儡③膻腥之辈，又岂吾心之所乐"，此

①勇：兵。

②仪物：礼物。

③膻腥：牛羊肉的味道。此处代指吃牛羊肉的满蒙贵族。

曾国藩的智慧

已露出不耐烦之端倪，将来恐不免于④龃龉。去岁握别时，曾以惩余之短相箴(zhēn)，乞无忘也。

甲三《史》《汉》《韩文》二月中可看毕，三月即看《近思录》《周易折中》《四书汇参》等书。一则使略知立身行己之大要，一则有益于制艺也。

李雨苍于十七日起行赴鄂，渠长处在精力坚强，聪明过人；短处在举止轻佻，言语易伤，恐咏公亦未能十分⑤垂青。澄弟于十五日上永丰，十九日可归。温甫弟于二十一日起程，大约三月半可至吉安也。

咸丰八年二月十七日

名师按语

④龃龉：不和。

⑤垂青：赏识。

译文

沅甫九弟左右：

十四日发第八封信，交给春二等人带回，并带璧玉和还金、史两处的银钱二百二十两，想必收到。这个晚上接到弟弟初七晚上的信，得知一切。

贵溪紧急的说法确实吗？近日的消息如何？次青是难得的人才，带兵虽说不是他的专长，然而他有百折不回的气概。他在我这里表现得尤为肝胆照人，始终叫人感佩。兄长在外几年，唯独对他感到有点内疚。去年冬天派韩升到李家探视，他们家稍微送了一点礼品。又与次青约定婚姻，以表明永远通好。眼下两家儿女没有相当的人，将来他再得儿子、弟弟的二女儿、三女儿可以与他家订婚，兄长在信里已答应了。你在吉安应与他常常通信，派专人往返，我想十多天可回来。只要次青能够活着回来与兄长相见，那么同甘共苦的几个人中，还不至于留下莫大的愧歉。

过去耿恭简公说做官以忍耐烦恼为第一重要的，带兵也一样。兄长的短处就在此，多次谆谆教育弟弟们的也是这一点。二十七日来信说："要我在那些傀儡们的手下做事，这哪里是我心里所乐意的"，这里已暴露了不耐烦的苗头，将

来恐怕难免发生摩擦。去年握手道别时,曾经以惩戒我的短处作为相守的箴言,希望不要忘记。

甲三《史》、《汉》、《韩愈文》二月中旬可以看完,三月就可以看《近思录》、《周易折中》、《四书汇参》等书。一是为了让他大略了解立身行事的关键,一是对作八股文章有益。

李雨苍于十七日起程去湖北,他的长处是精力坚强,聪明过人;短处是举止轻佻,言语伤人,恐怕咏公未必能看中他。澄弟于十五日起程去永丰,十九日可以归来。温甫弟于二十一日起程,大约三月半可到吉安。

咸丰八年二月十七日

赏析·启示

　　本篇四封书信均为曾氏写给四个弟弟——曾国潢、曾国华、曾国荃、曾国葆的。他在信中语重心长地告诫他们拜师、交友之道以及对待师、友应有的态度。

　　曾氏认为交友贵在真诚专一,要有无怨无悔不图报的宽广胸怀。想要交到一个可以为自己抛头颅、洒热血的过命朋友,首先就要能为朋友两肋插刀;其次,在别人身处危难,需要帮助的时候,我们怀着一副侠肝义胆、古道热肠给予热心帮助,这足以让人钦敬。

　　曾氏教导子弟与朋友相交要以诚相待、大度宽容、胸襟坦荡,只有这样才能结交到真正的朋友。在困难时有慷慨解囊者,在危难时有挺身而出者,在发达时有豪杰俊士。只有这样才能使自己的人生道路更为的宽阔平坦。

曾国藩的智慧

小学

汉代称文字学为小学,因儿童入学先学文字,故名。"小学"一词是西汉刘歆所创,他将经类图书分为易、书、诗、礼、乐、春秋、论语、孝经、小学九部。隋唐以后,"小学"的范围扩大,包括音韵学、训诂学、文字学、书法等。清末,章太炎等人认为"小学"的名称过于笼统,主张改为汉语言文字学。此后,"小学"的称谓渐废,被现代西方的语言学、文字学等概念所代替。

为政篇

名师导读

　　在风雨飘摇的晚清王朝，曾国藩历仕道光、咸丰、同治三朝，官至总督。他28岁中进士、点翰林，30岁进京做官，官品是从七品，37岁时已是从二品的高官。他以文官的身份带兵领将并获封一等侯爵，更有咸丰皇帝御赐的"勋高柱石"匾。从39岁到42岁，他先后任礼、兵、工、刑、吏部五部侍郎。能够取得这样的成就，除了当时特定的历史条件外，与他的为官之道是密不可分的。

　　曾国藩学识渊博，勤政爱民，备受清王朝统治者的器重。他针对时弊，冒死奏疏，直陈敢言，展现了他刚正不阿，一心为国的忠心。他身居高位，却保持着寒士风气。他常年借债度日，仍然以微薄的俸禄接济贫苦人民。廉洁奉公。本篇从不同角度，阐述了他在"为政"方面的一些见解。这些见解，今人观之，也颇受启迪。

禀祖父母·述与英国议和

原文

孙男国藩跪禀祖父母大人万福金安：

曾国藩的智慧

九月十三日接到家信，系七月父亲在省所发，内有叔父信及欧阳牧云致函，知祖母于七月初三日因占犯致恙，不药而愈，可胜欣幸。

高丽参足以补气，然身上稍有寒热，服之便不相宜，以后务须斟酌用之，若微觉感冒即忌用。此物平日康强时和入丸药内服最好，然此时家中想已无多，不知可供明年一单丸药之用否？若其不足，须写信来京，以便觅便寄回。

四弟六弟考试又不得志，颇难为怀，然大器晚成，堂上不必以此置虑。闻六弟将有①梦熊之喜，幸甚！近叔父为婶母之病劳苦忧郁，有怀莫宣，今六弟一索得男，则叔父②含饴弄孙，瓜瓞(dié)日蕃，其乐何如！

唐镜海先生德望为京城第一，其令嗣极孝，亦系兄子承继者。先生今年六十五岁，得生一子，人皆以盛德之报。

英夷在江南，抚局已定。盖金陵为南北咽喉，逆夷既已扼吭而据要害，不得不权为和戎之策，以安民而息兵。去年逆夷在广东曾经就抚，其费去六百万两。此次之费，外间有言有二千一百万者，又有言此项皆劝绅民捐输，不动③帑(tǎng)藏者，皆不知的否。现在夷船已全数出海，各处防海之兵陆续撤回，天津亦已撤回。议抚之使系伊里布、耆英及两江总督牛鉴三人。牛鉴有失地之罪，故抚局成后，即革职拿问；伊里布去广东，代奕山为将军；耆英为两江总督。自英夷滋扰，已历二年，将不知兵，兵不用命，于国威不无少损，然此次议抚，实出于不得已，但使夷人从此永不犯边，四海晏然④安堵，则以大事小，乐天之道，孰不以为上策哉？

⑤孙身体如常，孙妇及曾孙兄妹皆平安，同县黄晓

名师按语

潭荐一老妈吴姓来，因其妻凌虐婢仆，百般惨酷，求孙代为开脱。孙接至家住一日，转荐至方夔卿太守处，托其带回湖南，大约明春可到湘乡。

今年进学之人，孙见《题名录》，仅认识彭惠田一人，不知二十三上都进入否？谢党仁、吴光照取一等，皆少年可慕。一等第一⑥《题名录》刻黄生平，不知即黄星平否？

⑥《题名录》：科举时代，将同榜之人的姓名年岁籍贯汇集而成的书册。

孙每接家信，常嫌其不详，以后务求详明，虽乡间田宅婚嫁之事，不妨写出，使游子如仍未出里门。各族戚家，尤须一一示知。幸甚！

敬请祖父母大人万福金安。余容后呈。

孙谨禀。

道光二十二年九月十七日

译文

孙儿国藩跪禀祖父母大人万福金安：

九月十三日接到家信，是七月父亲在省城发的，信中有叔父和欧阳牧云的信函，知道祖母在七月初三日感冒，没有吃药便好了，令人欣慰。

高丽参足以补气，然而身上稍微有点寒热，吃了就不合适，以后一定要反复斟酌后才可以服用，若稍微有些寒热便要忌用此药。平日身体健康时把它和在丸药里吃最好，然而现在家里想必也没有多少了，不知还可不可以供应明年一个单子的丸药用量？如果不够，要写信到京城，以便找人带回家。

四弟、六弟考试又没有考中，很难释怀，但是大才往往是晚年成就的，堂上大人不必为了这件事而忧虑。听说六弟将有生儿子的喜兆，很幸运！近来叔父为了婶母的病辛苦忧郁，心里有话难以表达，现在六弟第一胎便得了男孩，那么叔父颐养天年，子孙满堂，晚景是何等的快乐啊！

曾国藩的智慧

唐镜海先生的品德威望在京城里是首屈一指的,他的儿子十分孝敬,也是从兄长处过继过来的。先生今年六十五岁,生了一个儿子,人家都说这是他积满了的德行所得到的报偿。

英国人在江南一带,朝廷安抚的决策已定了下来。因金陵是南北的咽喉之地,英国人既然已经扼住这个要害,我方不得不采取和戎的策略,以安定百姓,平息战火。去年英国侵略者在广东曾经接受安抚,花了六百万两银子。这次的费用,外面传言是两千一百万,又传说这项费用都是劝导官绅和百姓捐款,不动用国库,不知道消息是否准确?现在洋船已经全部出海,各处海防的军队陆续撤回,天津也已撤回。和谈的使节是伊里布、耆英以及两江总督牛鉴三个。牛鉴有守地失守的罪过,所以和谈以后,马上要革职拿问;伊里布去广东,代替奕山为将军;耆英为两江总督。自从英国侵略者滋事骚扰,已历经两年,带兵的不懂得如何打仗,当兵的不努力作战,以致我国的威望大大受损,而这次议和实在是出于不得已,假若能够使洋人永不来犯,四海升平,那么大事化小,乐天之道,谁说不是上策呢?

孙儿身体如常,孙媳妇及曾孙兄妹都平安,同县黄晓潭推荐一位吴姓老妈子来,因为黄晓潭的妻子虐待下人,十分惨酷,因此求我帮忙开脱。孙儿接她在家里住了一天,转荐到方夔卿太守家,托他带回湖南,大约明年春天可到湘乡。

今年进学的人,孙儿看见《题名录》,只认识彭惠田一人,不知道我乡二十三岁以上有人进学没有?谢觉仁、吴光照考取一等,都是少年令人羡慕。一等第一名《题名录》上刻黄生平,不知道是不是就是黄星平。

孙儿每次接到家信,常常嫌信写得不详细,以后务请写得详细明白,虽说是乡间田地,房屋、婚姻嫁娶的事,也不妨都写上,使在外的游子好像仍旧在家里一样。各族亲戚家的事,尤其要一一告知。拜托了!

敬请祖父母大人万福金安,其余容以后再禀告。

孙儿谨禀。

道光二十二年九月十七日

致诸弟·喜述大考升官

名师按语

原文

①翰詹：翰林院及詹事府。

②不次：不按寻常的次序。

③补服：清代官品的标识，缀于官服前后心，文职以鸟，武职以兽，官品不同，所绣之物亦不同。

诸位老弟足下：

正月间曾寄一信与诸弟，想已收到。二月发家信时甚匆忙，故无信与弟。三月初六巳刻奉上谕，于初十日大考①翰詹。余心甚着急，缘写作俱生，恐不能完卷。不图十三日早，见等第单，余名次二等第一，遂得仰荷天恩，赏擢②不次，以翰林院侍讲升用。格外之恩，非常之荣，将来何以报称？惟有时时惶悚，思有补于万一而已。

兹因金竺虔南旋之便，付回五品③补服四付，水晶顶二座，阿胶二封，鹿胶二封，母亲耳环一双。竺虔到省时，老弟照单查收。阿胶系毛寄云所赠，最为难得之物，家中须慎重用之。竺虔曾借余银四十两，言定到省即还，其银二十二两为六弟、九弟读书省城之资，以四两为买书笔之资，以六两为四弟、季弟衡阳从师束脩（xiū）之资，以四两为买漆之费，即每岁漆一次之谓也，以四两为欧阳太岳母奠金。贤弟接到银后，各项照数分用可也。

此次竺虔到家，大约在五月节后，故一切不详写，待折差来时，另写一详明信付回，大约四月半可到。贤弟在省，如有欠用之物，可写信到京，要我付回。另付回大考名次及升降一单照收。余不俱述。

兄国藩手草。

道光二十三年三月十九日

曾国藩的智慧

诸位老弟足下：

　　正月间曾寄一封信给弟弟们，想必已经收到。二月寄家信时非常匆忙，所以没有信件给弟弟们。三月初六巳刻奉圣旨，在初十日大考翰林詹事。我心里很着急，因为写作都生疏了，怕不能做完试卷。没有想到十三日早上，看到发榜的等第名单，我的名次列为第二等第一名，这样便仰仗皇上的恩典，又是赏赐又是擢升，升为翰林院侍讲。这种格外的恩惠，非常的荣誉，将来又如何报答？只有时刻保持惶恐警惕之心，以报答万分之一罢了。

　　现趁着金竺虔回湖南的机会，请他带回家五品补服四付，水晶顶二座，阿胶二封，鹿胶二封，母亲耳环一双。竺虔到省城时，老弟照清单查收。阿胶是毛寄云送的，是最难得的药品，家里要慎重使用。竺虔曾经向我借了四十两银子，说好到省城便归还。这些银两中，二十二两是六弟和九弟在省城读书的学费，四两是买书买笔的费用，六两是四弟、季弟衡阳从师的礼金，四两是买漆的费用，就是每年漆一次寿材的费用，四两是给欧阳太岳母的祭奠礼金。贤弟接到银子后，可依照以上分配即可。

　　这次竺虔到家，大约在五月节后，所以一切不详细写了，等通信兵来时，另外写一封详细的信带回，大约四月半可以到。贤弟在省城，如有什么缺乏之物，可以写信到京城，要我付回。另外信中附有大考名次以及官职升降表，请照收。其余不一一写了。

　　　　　　　　　　　　　　　　兄国藩手草。
　　　　　　　　　　　　　　　　道光二十三年三月十九日

禀祖父母·报告荣升侍讲

名师按语

原文

孙男国藩跪禀祖父母大人万福金安：

二月十九日，孙发第二号家信。三月十九日发第三号交金竺虔，想必五月中始可到省。孙以下合家皆平安。三月初六日奉上谕，于初十日大考翰詹，在圆明园正大光明殿考试。孙初闻之，心甚惊恐，盖久不作赋，字亦生疏。向来大考，大约六年一次。此次自己亥岁二月大考，到今仅满四年，万不料有此一举。故同人闻命下之时，无不惶悚！

孙与陈岱云等在园同寓。初十日卯刻进场，酉正出场。题目另纸敬录，诗赋亦另誊出。通共翰詹一百二十七人，告病不入场者三人，病愈仍须补考，在殿上搜出夹带交刑部治罪者一人，其余皆整齐完场。十一日皇上亲阅卷一日。十二日钦派阅卷大臣七人，阅毕拟定名次，进呈皇上钦定一等五名，二等五十五名，三等五十六名，四等七名。孙蒙皇上天恩，拔取二等第一名。湖南六翰林，二等四人，三等二人，另有全单。十四日引见，共升官者十一人，记名候升者五人，①赏缎(duàn)者十九人(升官者不赏缎)。

孙蒙皇上格外天恩，升授翰林院侍讲，十七日谢恩，现在尚未补缺，有缺出即应孙补。其他升降赏赉，另有全单。湖南以大考升官者，从前(雍正二年)惟陈文肃公一等第一，以编修升侍读，近来(道光十三年)胡云阁

①赏：赏赐。

曾国藩的智慧

先生二等第四，以学士升少詹，并孙三人而已。孙名次不如陈文肃之高，而升官与之同，此皇上破格之恩也。孙学问肤浅，见识庸鄙，受君父之厚恩，蒙祖宗之德荫，将来何以为报，惟当竭力尽忠而已。

金竺虔于昨二十一日回省，孙托带五品补服四付、水晶顶戴二座、阿胶一斤半、鹿胶一斤、耳环一双，外竺虔借银五十两，即以付回。昨天竺虔处寄第三号信，信面信里皆写银四十两，发信后渠又借去十两，故前后二信不符。竺虔于五月半可到省，若六弟九弟在省，则可面交；若无人在省，则家中专人去取，或诸弟有高兴到省者亦妙。

今年考差大约在五月中旬，孙拟于四月半下园用功。孙妇现已有喜，约七月可分娩。曾孙兄弟并如常。寓中今年添用一老妈，用度较去年略多，此次升官，约多用银百两，东扯西借，尚不窘迫。不知有邯郸报来家否？若其已来，开销不可太多。孙十四引见，渠若于二十八日以前报到，是真邯郸报，赏银四五十两可也。若至四月始报，是省城伪报，赏数两足矣。但家中景况不审何如，伏恳示悉为幸。

孙跪禀。
道光二十三年三月二十三日

译文

孙儿国藩跪禀祖父母大人万福金安：

二月十九日，孙儿寄了第二封家信。三月十九日寄了第三封信交给金竺虔带回，想必五月中旬可以到省城。孙儿全家平安。三月初六日奉旨将在初十日参加翰林詹事大考，考试地点在圆明园正大光明殿。孙儿刚开始听了，心里又惊又恐，因好久不作赋了，字也生疏。向来大考约六年一次，这次自从己亥年二月大考到今天只有四年，万万没有料到有这个举措。所以同人等听到谕旨的时候，没有不感到惶恐惊悚的。

孙儿与陈岱云等在园内同住。初十卯时进考场，酉正出场。题目另外用纸敬

录，诗赋也另外誊写了一份。翰林詹事总共一百二十七人，告病未入考场的三人，病好了仍旧要补考，在殿上搜查出夹带作弊交刑部治罪的一人，其余都整整齐齐考完。十一日皇上亲自阅卷一天。十二日钦派阅卷大臣七人，看完拟定名次，进呈皇上钦定。一等五名，二等五十五名，三等五十六名，四等七名。孙儿蒙皇上天恩，拔取二等第一名。湖南六个翰林，二等四人，三等二人，另有全部名单。十四日引见，一起升官的有十一人，记名候升的五人，赏缎的十九人（升官者不赏缎）。

孙儿承蒙皇上格外天恩，升授翰林院的侍讲，十七日谢恩，现在还没有补缺，有缺出马上由孙儿补。其他升降赏赉，另有全部单子。湖南因大考升官的，从前（雍正二年）只有陈文肃公一等第一名，以编修升侍读。近来（道光十三年）胡云阁先生二等第四，以学士升少詹，加上孙儿只有三人罢了。孙儿名次不如陈文肃公高，而升官与他相同，这是皇上破格的恩典。孙儿学问肤浅，见识庸鄙，受君父的厚恩，蒙祖宗的德荫，不知将来如何报答，只有竭力尽忠罢了。

金竺虔于二十一日回省，孙儿托他带五品补服四付、水晶顶戴二座、阿胶一斤半、鹿胶一斤、耳环一双，另外金竺虔借的银子五十两，也付给家里。昨天在竺虔处寄了第三封信，上面写的是银子四十两。因为发信之后他又借去十两，所以前后两信不符。竺虔在五月中旬可以到省城，如果六弟、九弟在省城，则可当面转交。如果没有人在省城，家里可派专人去取，或者弟弟们有高兴去省城的也好。

今年考差大约在五月中旬，孙儿准备在四月中、下旬用功。孙媳妇现在已有孕，大概七月可分娩。曾孙兄弟都一切照旧。京寓中今年又添了一个老妈子，开支比去年略多一些，这次升官大约要多用银子一百两，东挪西借，还不是很窘迫。不知有邯郸喜报到家了吗？若喜报已来，开销不可太多。孙儿以为，喜报若于二十八日以前报到，是真的邯郸报，可以赏给报子银四五十两。若到四月才报，则是省城的伪报，赏给报子几两就足够了。家中景况不知道怎么样，伏恳祖父母大人示悉为幸！

孙儿跪禀。

道光二十三年三月二十三日

曾国藩的智慧

禀祖父母·报告考差信

原文

孙男国藩跪禀祖父母大人万福金安：

四月二十日，孙发第五号家信，不知到否？五月二十九日接到家中第二号信，系三月初一发。六月初二日接第三号信，系四月十八日发。俱悉家中老幼平安，百事顺遂，欣幸之至。

六弟下省读书，从其所愿，情意既畅，志气必奋，将来必有大成，可为叔父预贺。祖父去岁曾赐孙手书，今年又已半年，不知目力何如？下次信来，仍求亲笔书数语示孙。大考喜信，不知开销报人钱若干？

孙自今年来，身体不甚好，幸加意保养，得以无恙。大考以后，全未用功。五月初六日考差，孙妥帖完卷，虽无毛病，亦无好处。前题"使诸大夫国人皆有所矜式"，经题"天下有道，则行有枝叶"，诗题"赋得角黍"得"经"字，共二百四十一人进场。初八日派阅卷大臣十二人，每人分卷二十本，传闻取七本，不取者十三本。弥封未拆，故阅卷者亦不知所取何人，所①黜何人。取与不取一概进呈，恭俟钦定。外间谣言某人第一，某人未取，俱不足凭，总待放差后方可略测端倪。亦有真第一而不得，有真未取而得差者，静以听之而已。同乡考差九人，皆妥当完卷。六月初一，放云南主考龚宝莲、段大章，贵州主考龙元僖、王桂。

孙在京平安，孙妇及曾孙兄妹皆如常。前所付银，谅已到家。高丽参目前难寄，容当觅便寄回。六弟在城南，孙已有信托陈尧农先生。同乡官皆如旧。黄正斋坐

①黜：罢免，革除。此指淘汰。

粮船来，已于六月初三到京。余容后禀。

道光二十三年六月初六日

译文

孙儿国藩跪禀祖父母大人万福金安：

四月二十日，孙儿寄出的第五号家信，不知道是否已经收到？五月二十九日接到家里第二号信，是三月初一发的。六月初二日接到第三号信，是四月十八日发的。知道家里老幼平安，百事如意，高兴之至！

六弟下省读书，遂了他的愿望，情绪既然已经通畅，志气一定会奋发，将来必定有大的成就，可以向叔父大人先祝贺。祖父去年曾经赐予孙儿手书，今年又已半年了，不知视力怎么样？下次来信，仍然请求祖父亲笔写几句话指示孙儿。大考喜信，不知家里给报喜人多少钱？

孙儿自今年以来，身体不太好，幸亏注意保养，才没有出毛病。大考以后，全没有用功。五月初六日考差，孙儿妥帖做完试卷，虽说没有毛病，也没有佳作。前题是"使诸大夫国人皆有所矜式"，经题是"天下有道，则行有枝叶"，诗题是"赋得角黍，得经字"，共有二百四十一人进考场。初八日派阅卷大臣十二人，每人分卷子二十本，传说每二十本中取七本，淘汰十三本。都是弥封未拆的，所以阅卷人也不知道所取的是谁，所淘汰的是谁。取与不取，一概进呈，恭候钦定。外面谣传某人第一，某人未取，都不足信，都得等放差以后才能看出一点眉目。也有真取第一而不得差、未取而得差的，冷静听消息罢了。同乡考差九人，都妥当交了全卷。六月初一，云南主考龚宝莲、段大章，贵州主考龙元僖、王桂得以外放。

孙儿在京平安，孙媳妇及曾孙兄妹都好。前次付的银子，想已到家。高丽参目前难寄，待我以后找到便人寄回。六弟在城南，孙儿已写信托付给陈尧农先生。同乡官员情况如旧。黄正斋坐粮船来，已于六月初三到京城。其余容许我以后再行禀告。

道光二十三年六月初六日

曾国藩的智慧

禀祖父母·报告补侍读

原文

孙男国藩跪禀祖父母大人万福金安：

二十九日祖母大人寿辰，孙等叩头遥祝，寓中客一席，次日请同县公车一席。初七日皇上①御门，孙得转补翰林院侍读。所遗侍讲缺，许乃钊补升。侍讲转侍读，照例不谢恩，故孙未具折谢恩。今冬京中未得厚雪。初九日设三坛求雪，四、五、六②阿哥诣三坛行礼，皇上亲诣太高殿行礼，十一日即得大雪。天心感召，呼吸相通，良可贺也。

孙等在京平安。曾孙读书有恒，惟好写字，见闲纸则乱画，请其母钉成本子。孙今年用度尚宽裕，明年上半年尚好，至五月后再作计。昨接曾兴仁信，知渠银尚未还。孙甚着急，已写信去催。不知家中今年可不窘迫否？同乡京官皆如故，冯树堂、郭筠仙在寓亦好。

荆七自五月出去，至今未敢见孙面，在同乡陈洪钟家，光景亦好。若使流落失所，孙亦必③宥（yòu）收恤之。特渠对人言，情愿饿死，不愿回南，此实难处置。孙则情愿多给银两，使他回去，不愿他在京再犯出事。望大人明示以计，俾（bǐ）孙遵行。

四弟等自七月寄信来后，至今未再得信，孙甚切望。严太爷在京引见，来拜一次。孙回拜一次，又请酒，渠未赴席。此人向有④狂妄之名，孙己亥年在家，一切不与之计较，故相安于无事，大约明春可回湘乡任。

名师按语

①御门：清制，皇帝在宫门听政。初御太和门，后改御乾清门。咸丰以后，此制渐废。

②阿哥：清代不立太子，只按排行称为几阿哥。成年后，授以爵号。

③宥：赦免。

④狂妄：放诞不羁。

孙谨禀。

道光二十四年十二月十四日

译文

孙儿国藩跪禀祖父母大人万福金安：

二十九日祖母大人寿辰，孙儿等叩头遥祝，家中请客一席，次日请同县公车一席。初七日皇上御门，孙得转补翰林院侍读。所遗留的侍讲缺位，由许乃钊补升。侍讲转侍读，照例不谢恩，故孙儿没有准备奏折谢恩。今冬京中没有下大雪。初九日设三坛求雪，四、五、六阿哥奏诣三坛行礼，皇上亲诣太高殿行礼，十一日即得大雪。天心感召，呼吸相通，实在可贺。

孙儿等在京平安。曾孙读书有恒心，只是喜欢写字，看见有余出的纸便乱画，请他母亲钉成本子。孙儿今年用度还宽裕，明年上半年还可以，到五月以后再作打算。昨天收到曾兴仁的信，知道他的银子还没有还。孙儿很着急，已经写信去催。不知家里今年是否有困难？同乡京官都很好，冯树堂、郭筠仙在寓所也好。

荆七从五月出走，至今不敢见孙儿的面，在同乡陈洪钟家，光景也好。假使流离失所，孙儿也一定原谅他并收留抚恤他。不过他对别人说，情愿饿死也不愿回湖南，这实在难以处置。孙儿则情愿多给银两，让他回去，不愿他在京城再生事。希望大人明白指示我以计策，孙儿遵照执行。

四弟等自七月寄信来后，至今没有信来，孙儿很盼望。严太爷在京引见，来拜访过一次。孙儿回拜一次，又请酒，他没有来。这个人向来有狂妄的名声，孙儿已亥年在家，一切不与他计较，所以相安无事，大约明年春天可回湘乡任职。

孙儿谨禀。

道光二十四年十二月十四日

禀父母·万望勿入署说公事

原文

男国藩跪禀父母亲大人膝下：

十七日接到诸弟四月二十二日在县所发信。欣悉九弟得取前列第三，余三弟皆取前二十名，欢欣之至。诸弟前所付诗文到京，兹特请杨春皆改正付回，今年长进甚远，良可欣慰。向来六弟文笔最矫健，四弟笔颇笨滞，观其"为仁矣"一篇，则文笔大变，与六弟并称健者。九弟文笔清贵，近来更圆转如意，季弟诗笔亦秀雅，男再三审览，实堪怡悦。

男在京平安。男妇服补剂已二十余帖，大有效验。医人云：虚弱之症，能受补则易好。孙男女及合室下人皆清吉。长沙馆于五月十二日演戏，题名状元、①南元、朝元三匾，同日张挂，极为热闹，皆男总办，而人人乐从。头门对联云："同科十进士，庆榜三名元"，可谓盛矣。

同县邓铁松在京患吐血病，甚为危症，大约不可挽回。同乡有危急事，多有就男商量者，男效祖大人之法，银钱则量力资助，办事则竭力经营。

严丽生取九弟置前列，男理应写信谢他，因其平日官声不甚好，故不愿谢，不审大人意见何如？②我家既为乡绅，万不可入署说公事，致为官长所鄙薄。即本家有事，情愿吃亏，万不可与人搆(gòu)讼，令官长疑为倚势凌人，伏乞兹鉴。

名师按语

①南元：清顺天（北京）乡试，不限籍贯，但第一名只取直隶省人，第二名必取南方人士，故称南元；朝元：清代朝考名次分一、二、三等，一等第一名称朝元。

②曾氏为官谦谨忍让，希望家人在家乡也能处处谦虚谨慎，以避瓜田李下之嫌。

男谨禀。
道光二十五年五月二十九日

译文

儿子国藩跪禀父母亲大人膝下:

十七日接到弟弟们四月二十二日在县城所发的信。得知九弟考中前列第三名,其余三个弟弟都考取前二十名,非常高兴。弟弟们前不久寄诗文到京城,我特别请杨春改正后寄回。今年他们进步很快,我真感到欣慰。六弟文笔向来最矫健;四弟文笔颇为笨滞,看四弟的"为仁矣"一篇,文笔大变,与六弟不相上下。九弟文笔清贵,近来更加圆转如意。季弟文笔也秀雅,儿子再三审阅,实在值得高兴。

儿子在京平安,儿媳妇已吃了补剂二十多帖,大有效验。医生说:虚弱的病,能够受得起补的容易好。孙儿孙女及全家、下人都清吉。长沙馆在五月十二日演戏,题名状元、南元、朝元三匾,同一天张挂,很是热闹,都是儿子操办,大家都乐于跟从。头门的对联是:"同科十进士,庆榜三名元",真可说是兴盛啊!

同县邓铁松在京城得了吐血病,很是危急,大约难以挽回。同乡有危急事,常与儿子商量,儿子效法祖父大人的办法,银钱方面量力而为,办事方面竭力经营。

严丽生取九弟置于前列,儿子照理应该写信谢他,但因他平日为官名声不太好,所以不愿谢,不知大人意见如何?我家既然是乡里绅士,万万不可以去衙署说公事,以致被官长所鄙视。就算本家有事,情愿吃亏,也万万不可与人诉讼,叫人误认为是仗势欺人,伏乞父母亲大人明鉴。

儿子谨禀。
道光二十五年五月二十九日

曾国藩的智慧

《禀父母·不敢求非分之荣》

【原文】

男国藩跪禀父母亲大人万福金安：

九月十七日接读家信，喜堂上各位老人安康，家事顺遂，无任欢慰。男今年不得差，六弟乡试不售，想堂上大人不免内忧，然男则正以不得为喜。①盖天下之理，满则招损，亢则有悔，日中则昃(zè)，月盈则亏，至当不易之理也。男毫无学识，而官至学士，频邀非分之荣，祖父母、父母皆康健，可谓极盛矣。

现在京官翰林中无重庆下者，惟我家独享难得之福。是以男悚悚恐惧，不敢求非分之荣，但求堂上大人眠食如常，阖家平安，即为至幸。万望祖父母、父母、叔父母无以男不得差、六弟不中为虑，则大慰矣。况男三次考差，两次已得；六弟初次下场，年纪尚轻，尤不必挂心也。

同县黄正斋，乡试当②外帘差，出闱即患痰病，时明时昏，近日略愈。男癣疾近日大好，头面全看不见，身上亦好了九分。在京一切，男自知谨慎。

男谨禀。

道光二十六年九月十九日

名师按语

①曾氏深明"物盈则亏"之理，时时提醒自己，不要忘乎所以，要"居高思危，常存退心"。

②外帘：明清时，乡试、会试贡院内阅卷官员叫作内帘。

【译文】

儿子国藩跪禀父母亲大人万福金安：

曾国藩的智慧

九月十七日接读家信,喜知堂上各位老人身体安康,家事顺遂,非常欣慰!儿子今年不得差,六弟乡试也没有考取,想必堂上大人不免忧虑。然而儿子却反而以不得差而高兴,因为天下的道理,太满就会招致损失,位置太高容易遭致败亡,太阳当顶便会西落,月亮圆了就要残缺,这是千古不移的道理。儿子一点学识也没有,做官做到学士,多次得到不该得的荣誉,祖父母、父母又都康健,可说是盛极一时了。

现在的京官翰林里没有喜事频传,只有我家独享这种难得的福泽,因而儿子时刻不安、战战兢兢,不敢谋求非分的荣宠,但求堂上大人睡眠饮食正常,全家平安,就是最大的幸运。希望祖父母、父母、叔父母千万不要因为我不得差、六弟不中而忧虑,那我就大为安慰了。何况儿子三次考差,两次得差。六弟初次考试,年纪还轻,更不必挂心。

同县黄正斋,乡试时在外当帘差,出考场就犯痰病,有时清醒,有时不清醒,近日稍微好些。儿子癣疾近日好多了,头上脸上已一点看不出,身上也好了九分了。儿子在京城自知一切小心谨慎。

儿子谨禀。

道光二十六年九月十九日

致诸弟·述升内阁学士

澄侯、子植、季洪三位老弟足下:

五月寄去一信,内有大考赋稿,想已收到。六月二日,蒙皇上天恩及祖父德泽,予得超升内阁学士。顾影扪心,实深惭悚!湖南三十七岁至二品者,本朝尚无一人,予之德薄才劣,何以堪此? 近来中进士十年得阁学者,惟壬辰季仙九师、乙未张小浦及予三人。而予之才地,实不及彼二人远甚,以是

尤深①愧仄！

冯树堂就易念园馆，系予所荐，以书启兼教读，每年得百六十金。李竹屋出京后，已来信四封。在保定，讷②制台赠以三十金，且留干馆与他；在江苏，陆立夫先生亦荐干俸馆与他，渠甚感激我。考③教习，余为总裁，而同乡寒士如蔡贞斋等皆不得取，余实抱愧。

寄回祖父、父亲袍褂二付。祖父系夹的，宜好好收拾，每月一看，数月一晒。百岁之后，即以此为殓服。以其为天恩所赐，其材料外间买不出也。父亲做棉的，则不妨长著，不必为深远之计，盖父亲年未六十，将来或更有君恩赐服，亦未可知。祖母大人葬后，家中诸事顺遂，祖父之病已好，予之癣疾亦愈，且骤升至二品，则风水之好可知，万万不可改葬。若再改葬，则谓之不祥，且大不孝矣。

然其地予究嫌其面前不甚宽敞，不便立牌坊，起诰(gào)封碑亭，亦不便起④享堂，立神道碑。予意欲仍求尧阶相一吉地，为祖父大人将来寿藏。弟可将此意禀告祖父，不知可见允否？盖诰封碑亭，断不可不修，而祖母又断不可改葬，将来势不能合葬，乞禀告祖父，总以祖父之意为定。前问长女对袁家，次女对陈家，不知堂上之意如何？现在陈家信来，谓我家一定对，渠甚欢喜！余容后具。

兄国藩草。

道光二十七年六月十八日

译文

澄侯、子植、季洪三位老弟足下：

五月寄回一信，里面有考核官员时我写的词赋，想必已收到。六月二日，承

曾国藩的智慧

蒙皇上的天恩以及祖父的德泽,我得以越级升为内阁学士。看着自己的影子扪心自问,实在深感惭愧。湖南三十七岁的人做官做到二品的,本朝还没有一个,我的德行如此浅薄,才能如此低劣,怎么能够受到这样的任用呢?近年来中了进士后十年做到内阁学士的,只有壬辰年季仙九老师、乙未张小浦加上我三个。而我的资质,实在赶不上他们两个,所以深感惭愧!

冯树堂到易念园家教书,是我推荐的,是书法启蒙兼教读书,每年可收入一百六十两银子。李竹屋离京后,已来了四封信。在保定时,讷制台送了三十两银子,并且留一个有名无实的教席给他。在江苏时,陆立夫先生也荐了有名无实的教席给他,他很感谢我。考教习时,我是总考官,而同乡寒士如蔡贞斋等都没有录取,我实在抱愧得很。

寄回祖父、父亲袍褂二套,祖父的是夹的,要好好收拾,每月看一看,隔几个月晒一晒。百年之后,就用这个作为殓服。因这是皇上送的,材料外面买不到。父亲的是棉的,不妨时常穿着,不必把它穿许久,因父亲还不到六十,将来或许还有皇上送的衣服,也不一定。祖母大人安葬后,家中的事情都顺遂,祖父的病已好了,我的癣疾也痊愈了,并且一下子升到二品,此风水之好可以想见,万万不可以改葬。如果改葬,那就称之为不祥了,并且是大不孝。

但是,我还是嫌那块坟地前面不太宽敞,不便立牌坊、建造封碑亭,也不方便建享堂,立神道碑。我的意思是想求尧阶选择一块吉地,做祖父大人将来的入土之地,弟弟们可以将我的意思禀告祖父,不知他能否允许?因造封碑亭绝不可以不修,而祖母又决不可以改葬,将来势必不能合葬,求你们禀告祖父,总以他老人家的意思为定。前次信中提及长女与袁家、次女与陈家结亲,不知堂上大人的意思如何?现在陈家来信,说我家肯定与他家结亲,他家很高兴。其余容以后再写。

兄国藩草。

道光二十七年六月十八日

致九弟·为政切不可疏懒

名师按语

原文

沅甫九弟左右：

初七初八连接弟二信，俱悉一切。总理既已接札，则凡承上启下之公文，自不得不照申照行，切不可似我疏懒，置之不理也。

余生平之失，在志大而才疏，有实心而乏实力，坐是百无一成。李云麟之长短，亦颇与我相似。如将赴湖北，可先至余家一叙再往。润公近颇①综核名实，恐亦未必②投洽无间也。

① 综核：综聚考核。

② 投洽：投契融洽。

近日身体略好，惟回思历年在外办事，愆咎甚多，内省增疚。饮食起居，一切如常，无劳③廑(jǐn)虑。今年若能为母亲大人另觅一善地，教子侄略有长进，则此中豁然畅适矣。弟年纪较轻，精力略胜于我，此际正宜提起全力，早夜④整刷。昔贤谓宜用猛火煮、慢火温，弟今正用猛火之时也。

③ 廑虑：殷切挂念。

④ 整刷：振作。

李次青之才，实不可及。吾在外数年，独觉惭对此人。弟可与之常通书信，一则稍表余之歉忱，一则凡事可以请益。余京中书籍，承漱六专人取出，带至江苏松江府署中，此后或易搬回。⑤书虽不可不看，弟此时以营务为重，则不宜常看书。凡人为一事，以专而精，以纷而散。荀子称耳不两听而聪，目不两视而明，庄子称用志不纷，乃凝于神，皆至言也！

⑤ 为政要勤勉不懈，集中精力专注地做好每一件事。

咸丰八年正月十一日

曾国藩的智慧

沅甫九弟左右:

初七初八连接弟两封信,知悉一切。总理既然已经接了札,那么凡属承上启下的公文,自然不得不照申照行,切不可以像我那样疏忽懒惰,置之不理。

我生平的过失是志大才疏,有实实在在的心愿而缺乏实现心愿的实力,因此一事无成。李云麟的优点和缺点,也和我差不多。如果你要去湖北,可先来我家见面谈谈再去。润公近来考核官员很注重综合核查名与实,恐怕未必能够做到顺应人心而不产生隔阂。

近日身体略为好些,只是回想起历年在外面办事,过失甚多,自己反躬自省,很是愧疚。饮食起居,一切如常,不劳挂念。今年如果能给母亲大人另外找一块好坟山,教育子侄略有进步,那么心里便畅快了。弟弟年纪比较轻,精力比我旺盛,这个时候最适合全力以赴,日夜整顿精神。过去圣贤说的要用猛火煮,慢火温,弟弟现在正是应该用猛火煮的时候。

李次青的才能,别人实在赶不上。我在外这些年,唯独觉得愧对此人。你可以经常与他通信,一方面稍微表示一下我的歉意,另一方面无论遇到什么事情都可向他请教。我在京城的书籍承蒙漱六派专人取出,带到江苏松江府署中,方便以后容易搬回。书虽说不可以不看,但弟弟现在以营务为重,不适合经常看书。但凡做一件事,只有专一才能做到精,兼做他事,就会散乱。荀子说耳朵不会因同时听两件事就更灵敏,眼睛不会因同时看两处就更明晰。庄子说的是集中心志不分散,就凝集成智慧,都是至理名言啊!

咸丰八年正月十一日

《致九弟·述弟为政优于带兵》

原文

沅弟左右：

昨信书就，未发。初五夜玉六等归，又接弟信，报抚州之复，他郡易而吉州难。余固恐弟之焦灼也，一经焦躁，则心绪少佳，办事不能妥善。余前年所以废驰(弛)，亦以焦躁故尔。总宜平心静气，稳稳办去。

余前言弟之职以能战为第一义，爱民第二，联络各营将士各省官绅为第三。今此天暑困人，弟体素弱，如不能兼顾，则将联络一层，少为放松，即第二层亦可不必认真，惟能战一层，则刻不可懈。目下壕沟究有几道？其不甚可靠者尚有几段？下次详细见告。

九江修壕六道，宽深各二丈，吉安可仿为之否？弟保①同知花翎(líng)，甚好甚好！将来克复府城，自可保升太守。吾不以弟得升阶为喜，喜弟之吏才更优于将才，将来或可勉作②循吏，切实做几件施泽于民之事。门户之光也，阿兄之幸也！

咸丰八年五月初六日

① 同知：官职名，始设于宋。清代时为知府的副职，正五品；花翎：清时用孔雀的羽毛制成的拖在帽后，代表官品的装饰。
② 循吏：清官。

译文

沅弟左右：

昨天信写好了没有发。初五晚上玉六等回来，又接到你的信，报告抚州克复的消息，说克复其他郡容易而克复吉安很难。我本来就怕弟弟焦急，人一焦躁，

曾国藩的智慧

那么心情就不好,办事便不能妥当。我前年之所以那么废弛,也是焦躁的缘故。总要平心静气,稳妥办事。

我前次说弟弟的职责以能战斗为第一要义;爱民第二;联络各营将士、各省官绅为第三。现在天气暑热,弟弟身体素来虚弱,如不能兼顾,那么把联络这一点略为放松。爱民也可不必认真。只有能战斗一点,那是时刻不能放松的。现在壕沟究竟有几道? 其中不可靠的还有几段? 下次来信详细告诉我。

九江修壕沟六道,宽深各两丈,吉安可照办吗? 弟弟保举了同知花翎,很好很好! 将来克复府城,自然还可以保举升任太守。我不因为弟弟得升官阶而高兴,而为弟弟做官吏的才能比带兵的才能更优秀而高兴,将来或者可以做一个刚正廉明的官长,切实做几件对百姓有实惠的事情,那是我曾家门户的光荣,为兄的幸运!

咸丰八年五月初六日

赏析·启示

曾氏出身于普通家庭,也没有超绝的资质,却能够在腐朽不堪的晚清时期,力挽狂澜,创"同治中兴"之伟业,这些辉煌的成就与功绩得益于他在官场摸爬滚打多年所积累的为政之道。

曾国藩涉世很深,观人极广,异常谨慎,越是位高权重,越是格外谨慎。他希望家人也能这样做,其中一条希望家人莫干预公事,以避免"欺凌"之嫌。

他强调以"爱民为第一要义",禁止部下扰民,同时也说,不要为了升官而暗自高兴得意,更应当注重奉职守法,为民请命,努力做一个好官。为政要勤勉不懈,严于自律,集中精力做好每一件事。

学习·拓展

状元

科举考试中以名列第一名者为元,乡试第一名称为解元,会试第一名称为会元,殿试第一名称为状元。状元起初称为"状头",是因为在唐朝时期,举人赴京参加礼部考试皆须投状,类似于现今考试报名时填写各种资料,因此称居榜首的人为"状头"。中状元的人号为"大魁天下",是科举考试中最高的荣誉。因状元为殿试一甲第一名,又别称为殿元。

用人篇

名师导读

以书生张空拳,何以博取天下?曾国藩说:"大厦非一木所能支撑,大业凭众人的智慧而完成。"曾国藩所在的清王朝,已从盛到衰,康、雍、乾盛世早已成过眼烟云,社会矛盾日益尖锐,内忧外患,沧海横流。他作为一个文人,能够在十分复杂的政治环境中产生相当的影响,是和他识人、用人的韬略分不开的。

曾国藩酷爱读书,学到不少用人兵法知识,又由于他善于总结,因此领悟出不少实战经验,提出许多不朽的带兵作战观点。在延揽、培养人才方面,他有一套行之有效的行为准则,这些用人经验对我们今天仍然有宝贵的借鉴作用。

致诸弟·述营中急需人才

原文

澄、温、沅、季四位贤弟左右:

十六日在南康府接父亲手谕,及澄沅两弟纪泽儿之信,系刘一送来;二

名师按语

① 攒出：钻出。

② 口粮：军营中按人发给的粮食。
③ 孔亟：孔，很、甚；亟，急促。

④ 探骊得珠：比喻办事能抓住要害。

⑤ 眩：迷惑。

十日接澄弟一信，系林福秀由县送来，俱悉一切。

余于十三日自吴城进扎南康，水师右营、后营、向导营于十五日进扎青山。十九日，贼带炮船五六十号、小划船五六十号前来扑营，鏖战二时，未分胜负。该匪以小划二十余号又自山后①攒出，袭我老营。老营战船业已全数出队，仅坐船水手数人及所雇民船水手，皆逃上岸。各战船哨官见坐船已失，遂尔慌乱，以致败挫。幸战船炮位毫无损伤，犹为不幸中之大幸！且左营、定湘营尚在南康，中营尚在吴城，是日未与其事，士气依然振作。现在六营三千人同泊南康，与陆勇平江营三千人相依护，或可速振军威。

现在余所统之陆军，塔公带五千人在九江，罗山带三千五百人在广信一带，次青带平江三千人在南康，业已成为三支，人数亦不少。赵玉班带五百湘勇来此，若独成一支，则不足以自立；若依附塔军、依附罗军，则去我仍隔数百里之远；若依附平江营则气类不合。且近日②口粮实难接济，玉班之勇可不必来。玉班一人独来，则营中需才③孔亟(jí)，必有以位置之也。

蒋益澧(lǐ)之事，唐公如此办理甚好。密传其家人，详明开导，勒令缴出银两，足以允服人心，面面俱圆。请莘翁即行速办，但使④探骊得珠，即轻轻着笔，亦可以办到矣。

此间自水师小挫后，急须多办小划以胜之，但乏能管带小划之人。若有实能带小划者，打仗时并不靠他冲阵，只要开仗之时，在江边攒出攒入，⑤眩贼之眼，助我之势，即属大有裨益。吾弟若见有此等人，或赵玉班能荐此等人，即可招募善驾小划之水手一百余人来营。

余在营平安，惟癣疾未愈，精神不足，诸事未能一

一照管。小心谨慎，冀尽人事，以听天命。诸不详尽，统俟续布。

咸丰五年四月二十日书于南康城外水营

译文

澄侯、温甫、沅甫、季洪四位贤弟左右：

十六日在南康府接到父亲手谕，以及澄、沅两位弟弟、纪泽儿的信，是刘一送来的；二十日接到澄弟一封信，是林福秀从县里送来，我已知悉一切。

我于十三日从吴城进扎南康。水师右营、后营，向导营，于十五日进扎青山。十九日，敌人带炮船五六十艘，小划船五六十艘前来扑营，激战了两个时辰，不分胜负。敌人又以小划船二十多艘，从山后冲了出来，袭击我老营。老营战船已经全部出战，只有几个坐船水手以及雇用的民船水手，见状都逃上岸去。各战船哨官见坐船已丢失，便慌乱起来，以至于吃了败仗。幸亏战船炮位没有一点损失，还算是不幸中的大幸！并且左营、定湘营还在南康，中营还在吴城，那天没有参加战斗，士气仍然振作。现在六营三千人都停靠在南康，与陆军平江营三千人互相依护，或者还可迅速振兴军威。

现在我所统率的陆军，塔公带五千人在九江，罗山带三千五百人在广信一带，次青带平江营三千人在南康，已经成了三支部队，人数也不少。赵玉班带五百湘勇来这里，如果单独成一支部队，就不能够自立，如果依附塔军，依附罗军，那离我这里还隔几百里。如果依附平江营，那么气类不合。而且近来口粮实在难以接济，玉班的士兵可不必来。玉班一个人来，军营中需要人才很紧急，一定会有他的位置。

蒋益澧的事，唐公这么办理很好，秘密传召他的家人详细开导，勒令他缴出银两，可以取得我方人的同情，面面俱到。请苹翁马上办理，假使探骊而得珠，就是轻轻着笔，也可以很快办到。

这边自从水师小败以后，急需多置办小划船去战胜敌人，但缺乏能统领小划船的人，如果有真可以带领小划船的人，打仗时并不靠他冲锋陷阵。只要打仗时在江边攒出攒入，弄得敌人晕头转向，以助长我水师的声势，便是大有益处。

曾国藩的智慧

弟弟如果看见有这种人才，或者赵玉班能推荐这种人，就可以招募会驾小划船的水手一百多人来军营。

我在军营平安，只是癣疾没有好，精神不足，许多事情不能一一照顾到。小心谨慎只希望能够尽人事，以听天命。写得不详细，等以后再续告。

咸丰五年四月二十日写于南康城外水营

致九弟·催周凤山速来

原文

沅甫九弟足下：

　　十七日李观察处递到家信，系沅甫弟在省城所发者。黄南兄劝捐募勇，规复吉安，此豪杰之举也。南路又出此一支劲兵，则贼势万不能支。金田老贼癸、甲二年北犯者，既已只轮不返，而曾天养、罗大纲之流亦频遭①诛殛(jí)。现存悍贼惟石达开、韦俊、陈玉成数人，奔命于各处，实有日就衰落之势。所患江西民风柔弱，见各属并陷，遂靡然以为天倾地坼，不复作反正之想。不待其迫胁以从，而甘心蓄发助战，希图充当军师、旅帅，以讹索其乡人，掳掠郡县村镇，以各肥其私囊。是以每战动盈数万人，我军为之震骇。若果能数道出师，擒斩以千万计，始则江西从逆之民有悔心，继则广东新附之贼生②疑贰，而江西之局势必转，而粤贼之衰象亦愈见矣。

　　南兄能于吉安一路出师，合瑞、袁已列为三路，是

名师按语

①诛殛：致命的打击。

②疑贰：不能团结一致。

MEIHUIBAN 167

名师按语

③南翁即黄冕，早年因为官不甚清廉，遭弹劾罢官充军新疆。后回湖南经商，成湖南富商，带头捐巨资帮助曾国荃组建军队。曾国藩并没有因噎废食，而是看到了黄冕卓绝的能力，劝自己的弟弟多向黄氏请教。

④部曲：古代军队编制。

此间官绅士民所祷祀以求者也，即日当先行具奏。③沅弟能随南翁以出，料理戎事，亦足增长识力。南翁能以赤手空拳干大事而不甚着声色，弟当留心仿而效之。夏憩兄前亦欲办援江之师，不知可与南兄同办一路否？渠系簪缨巨室，民望所归，又奉特旨援江，自不能不速图集事。惟与南兄共办一支，则众擎易举；若另筹一路，则独力难成。沅弟若见憩翁，或先将鄙意道及，余续有信奉达也。

周凤山现在省城，余飞札调之来江。盖欲令渠统一军，峙衡统一军，一扎老营，一作游兵，不知渠已接札否？望沅弟催之速来，其现在袁州之伍化蛟、黄三清本系渠④部曲，可令渠带来也。余俟续布。国藩又及。

咸丰六年九月十七日

译文

沅甫九弟足下：

十七日在李观察那里收到家信，是沅甫弟在省城寄出的。黄南兄劝捐募兵，规划恢复吉安，这是豪杰的举动。南路又多一支强悍的军队，那么敌人则必不能支撑。金田老贼，癸、甲二年北犯的那一股部队已经全军覆没，而曾天养、罗大纲之流也连连遭到致命打击。现在的敌军，只有石达开、韦俊、陈玉成几个，奔命在各地，实在有日渐衰落的势头。我心中所忧虑的是江西民风十分柔弱，看见所在的一些地方陷于敌手，便以为是天翻地覆，不再有归顺本朝的思想。不等敌军胁迫，便甘心去助长敌人，并想弄个军长、师长、旅长、元帅当当，以便去讹诈勒索同乡，抢劫郡县村镇，填满他们的腰包。所以每打一仗动辄以万人计算，使我军为之震惊。如果能从几路进兵，擒获斩杀成千上万的敌人，就可以让江西依附敌人的民众有所悔悟，随后广东新归附的敌人也表现出悔悟，江西的局势一定可扭转,则广东敌军衰落的势头也更加明显了。

南兄能够在吉安出师,加上瑞州、袁州已经成为三路,这是此间官长绅士民众所祈求的,当天便先向上奏报。沅弟能随南翁一起出兵,料理军事,也可以增长见识。南翁能够赤手空拳干大事而不露声色,弟弟应当留心学习仿效。夏憩兄前不久也想援助长江的军事,不知可不可以和南兄一起办?他是军事世家,又在民众中有威望,又奉旨援助长江,自然不能不让他带一支部队。只是与南翁共率一支部队,则各路人马容易齐心协力,如果另外筹办一支,那就力量单薄,难于成事。沅弟如见憩翁,或可把我的意见告诉他,我接着有信寄给他。

周凤山现在省城,我用飞札把他调来长江。因为想要他统领一支部队,峙衡带领一支部队,一部分驻扎在老营,一部分作为游兵,不知他已接到札子没有,希望沅弟催他快来,现在袁州的伍化蛟、黄三清本来是他的部下,可命令他一起带来。其余以后续告,国藩手书。

咸丰六年九月十七日

致九弟·宜以求才为在事

原文

沅甫九弟左右:

四月初五日得一等归,接弟信,得悉一切。兄回忆往事,时形悔艾,想六弟必备述之。弟所劝警之语,深中机要。①"素位而行"一章,比亦常以自警。只以阴分素亏,血不养肝,即一无所思,已觉心慌肠空,如极饿思食之状。再加以②憧扰之思,益觉心无主宰,怔悸不安。

曾国藩的智慧

今年有得意之事两端:一则弟在吉安声名极好,两省大府及各营员弁、江省绅民交口称颂,不绝于吾之耳;各处寄弟书及弟与各处禀牍信缄俱详实妥善,③犁然有当,不绝于吾之目。一则家中所请邓、葛二师品学俱优,勤严并著。邓师终日端坐,有威可畏,文有根柢又曲合时趋,讲书极明正义而又易于听受。葛师志趣方正,学规谨严,小儿等畏之如神明,而代管琐事亦甚妥协。此二者皆余所深慰,虽愁闷之际,足以自宽解者也。

第声闻之美,可恃而不可恃。兄昔在京中颇著清望,近在军营亦获虚誉。善始者不必善终,行百里者半九十里,誉望一损,远近滋疑。弟目下名望正隆,务宜力持不懈,有始有卒。治军之道,总以能战为第一义。倘围攻半岁,一旦被贼冲突,不克抵御,或致小挫,则令望④隳(huī)于一朝。故探骊之法,以善战为得珠,能爱民为第二义,能和协上下官绅为三义。愿吾弟兢兢业业,日慎一日,到底不懈,则不特为兄补救前非,亦可为吾父增光于⑤泉壤矣。

精神愈用而愈出,不可因身体素弱过于保惜,智慧愈苦而愈明,不可因境遇偶拂遽尔摧沮。此次军务,如杨、彭、二李、次青辈,皆系磨炼出来,即润翁、罗翁亦大有长进,几于一日千里,独余素有微抱,此次殊乏长进。弟当趁此番识见,力求长进也。

⑥求人自辅,时时不可忘此意。人才至难,往时在余幕府者,余亦平等相看,不甚钦敬。洎今思之,何可多得?弟当常以求才为急,其阘(tà)冗者,虽至亲密友,不宜久留,恐贤者不愿共事一方也。余自四月来,眠兴较好。近读杜佑《通典》,每日二卷,薄者三卷。惟目力极劣,余尚足支持。四宅大小眷口平安。定三舅爹三月十

名师按语

③犁然有当:井然有序的意思。

④隳:毁坏。

⑤泉壤:即泉下。

⑥寻找真正的人才辅助自己,那些庸庸碌碌的人,即使是至亲密友也要远离。

MEIHUIBAN 171

六来,四月初六归去,在新宅住四天,余住老宅。王福初十赴吉安,另有信,兹不详。

咸丰八年四月初九日

译文

沅甫九弟左右:

四月初五,得一等人回来,接到你的信,知悉一切。兄长回忆过去,时刻悔恨交加,我想六弟一定都跟你详细说了。弟弟劝导我的话,一语中的。"素位而行"一章,我眼下也常引以为戒。只是阴分素亏,血不养肝,便是一点儿事不想,还觉得心里发慌、肠里空,好像非常饥饿似的。再加上忧心忡忡,更觉得六神无主,悸动不安。

今年有得意的事两件:一是弟弟在吉安名声很好,两个省的官长和各营的将士、江西省的绅士都很称赞,我经常听到。各处寄给弟弟的信,弟弟给各处的书札信牍,都详细、实在、妥善,我经常看到。一是家里所请的邓、葛两位老师,品学兼优,又勤教又严管。邓老师整天端端正正坐堂,威仪可畏,文章有根底又能够与时事相结合,讲课很明正义,而又深入浅出。葛老师的志趣方正,教学规矩严谨,小孩们怕他如同怕神明一样。这两件事,都是我深感欣慰的,即使在愁闷不乐的时候,也足以自宽自解了。

只是声望虽然是令人陶醉的东西,可以依靠又不可以依靠。兄长过去在京城也很有声望,近来在军队也有些虚名。但开始好不一定始终好,走一百里路,走了九十里只能算走了一半,声望一旦下降,远近的人会立即产生怀疑。你目前名望正高,务必要坚持不懈,有始有终。治理军队的道理,以能战是为第一要义。如果围攻半年,一旦被敌人突围,不能抵挡,或者受到小挫折,那么你的名声一个早晨的时间便下落了,所以说检验的方法,是以会战斗为贵。能爱民为治军第二要义。能联合上下官绅为第三要义。希望弟弟兢兢业业,一天比一天谨慎,坚持到底决不松懈,那不仅为我补救了从前的过失,也可以为我父增光于九泉之下。

精神这个东西越用越好用，不可以因为身体虚弱而过于爱惜；智慧这个东西越是辛苦越闪光，不可以因为偶然遇到挫折便自暴自弃。这次军务，如杨、彭、二李、次青他们，都是磨炼出来的。就是润翁、罗翁也大有进步，几乎是一日千里。只有我素来有抱负，这次却太没有进步了。弟弟应当趁这次军务增长见识，力求进步。

求人自辅，时刻不可以忘记这一点。人才难得，过去在我的幕府中的人，我只是平等相待，不很钦佩，如今想起来，这些人才多么难得啊！弟弟应当常常把访求人才作为当务之急。那些庸碌多余的人，哪怕是至亲密友，也不宜久留，那样做恐怕真正的贤者不肯前来共事。我从四月以来，睡眠较好。近日读杜佑的《通典》，每天读两卷，薄的读三卷。只是眼力很差，其余还足以支持。全家大小平安。三舅爹三月十六过来，四月初六离开。到时，三舅爹在新宅住上四天，我还是住在老宅。王福初十赶赴吉安，另有一封信寄去，这里就不详述了。

咸丰八年四月初九日

致沅弟季弟·随时推荐出色的人

原文

沅弟、季弟左右：

辅卿而外，又荐意卿、柳南二人，甚好！柳南之笃慎，余深知之，意卿谅亦不凡。余告筱(xiǎo)荃观人之法，①以有操守而无官气，多条理而少大言为主，又嘱其求润帅、左、郭及沅荐人，以后两弟如有所见，随时推

名师按语

① "有操守"为品德，"多条理"为才干，反映了曾国藩"德才兼备"的用人之道。

名师按语

荐，将其人长处短处，一一告知阿兄，或告筱荃，尤以习劳苦为办事之本。引用一班能耐劳苦之正人，日久自有大效。

季弟言出色之人，断非有心所能做得，此语确不可易。名位大小，万般由命不由人，特父兄之教家、将帅之训士不能如此立言耳。季弟天分绝高，见道甚早，可喜可爱！然办理营中小事，教训弁勇，仍宜以勤字作主，不宜以命字谕众。

润帅先几陈奏，以释群疑之说，亦有函来余处矣。昨奉六月二十四日谕旨，实授两江总督，兼授钦差大臣，②恩眷方渥，尽可不必陈明。所虑者苏、常、淮、扬，无一支劲兵前往。位高非福，恐徒为③物议之张本耳。

余好出汗，沅弟亦好出汗，似不宜过劳。

咸丰十年七月初八日

②恩眷方渥：指皇上的恩典如此优厚、隆重。
③物议：众人议论嘲讽。

译文

沅弟、季弟左右：

除了辅卿以外，又推荐意卿、柳南两位，很好！柳南的诚笃谨慎，我很了解。意卿看来也不同凡响。我告诉筱荃观察人的方法，主要是有操守有原则而没有官气，办事有条理而不是口出狂言。又嘱咐他求润帅、左、郭以及沅弟荐人，以后两位弟弟如果有所发现，随时推荐，把被推荐人的长处短处，一五一十告诉兄长，或者告诉筱荃，尤其是习惯于劳苦为办事的根本。引荐一班能吃苦耐劳的正人君子，日子久了自然可以看见大的效应。

季弟说出色的人绝不是有心做得出来的，这话是至理不可更改。名位的大小，万般都是由天不由人，只是父兄教育家庭、将帅训导士兵不能这么说罢了。季弟天分很高，悟道很早，可喜可爱！然而办理军营中小事，教训士兵，仍然以劝导为主,不适宜以命令口吻来训谕大家。

润帅几次陈奏,以释大家疑团的说法,也有信到我这里。昨天接到六月二十四日的谕旨,实授两江总督,兼授钦差大臣,皇上的恩典如此隆重,如此受到信任,尽可以不必陈明。所忧虑的是没有一支强有力的部队去苏、常、淮、扬等地。地位高不是福气,恐怕会徒然成为人们议论的话题。

我爱出汗,弟弟也爱出汗,似乎不适宜过分劳累。

咸丰十年七月初八日

致九弟季弟·述杨光宗不驯

原文

沅弟、季弟左右:

初九日连接初四、六日二缄,具悉一切。

出队以护百姓①收获甚好,与吉安散耕牛耕种用意相似。吾辈不幸生当乱世,又不幸而带兵,日以杀人为事,可为寒心,惟时时存一爱民之念,庶几留心可御之田以饭子孙耳。

②杨镇南之哨官杨光宗,头发横而盘,吾早虑其不驯。杨镇南不善看人,又不善断事,弟若看有不妥洽之意,即饬令仍回兄处,兄另拨一营与弟换可耳。

吾于初十日至历口,十一日拟行六十里赶至祁(qí)门县,十二日先太夫人忌辰,不欲纷纷迎接应酬也。宁国府一军紧急之至,吾不能拨兵往援,而拟少济之以饷,亦③地主之道耳。

名师按语

①收获:收割稻谷。

②曾氏善于识拔人才,观人于细微,久而积累了丰富的经验。

③地主:所在地的主人。

咸丰十年六月初十日

译文

沅弟、季弟左右：

初九连续接到二封书信，已了解了全部事情经过。

派兵保护百姓去收获，好极了，这与吉安散放耕牛护种的用意相似。我们一代人不幸生在乱世，又不幸而带兵，每天以杀人为正事，可说是令人寒心，只有时时存一分爱惜百姓的心思，希望多关心农田之事，使子孙有饭吃。

杨镇南的哨官杨光宗头发横盘，我早就料到他不驯服。杨镇南不会看人，又不会决断，弟弟如果看到有什么不妥当的地方，马上叫他仍旧回到我这里，我另外拨一个营给弟弟交换。

我在初十日到历口，十一日准备走六十里赶到祁门县。十二日是先太夫人忌辰，不想纷纷迎接应酬。宁国府一军，非常紧急，我不能调兵去救援，准备稍微接济他一些军饷，也是尽地主之谊吧。

咸丰十年六月初十日

致沅弟季弟·嘱文辅卿二语

名师按语

原文

①步拨：指送信的人。

沅弟、季弟左右：

探报阅悉，此路并无①步拨，即由东流、建德驿夫送祁。建德令已死，代理者新到，故文递迟延。弟以后要事，须专勇送来，三日可到，或逢三、八专人来一次，每

曾 国 藩 的 智 慧

月六次。其不要紧者，仍由驿发来，则兄弟之消息常通矣。

文辅卿办②厘金甚好，现在江西厘务，经手者皆不免官气太重。此外则不知谁何之人？如辅卿者，能多得几人，则厘务必有起色。吾批二李详文云："须冗员少而能事者多，入款多而坐支者少。"又批云："力除官气，严裁③浮费。"弟须嘱辅卿二语，无官气，有条理。守此行之，虽至封疆不可改也。有似辅卿其人者，弟多荐几人更好。甲三起行时，温弟妇甚好，此后来之变态也。

咸丰十年六月二十八日

②厘金：清政府在水陆要道设立关卡，对过往的货物征收的一种捐税。

③浮费：额外的不正当费用。

名师按语

译文

沅弟、季弟左右：

探报已看过了，这一路没有送信的人，马上由东流、建德驿站的驿夫送至祁门。建德县令已死了，代理的人新来，所以文件传递迟延了，弟弟以后有要事，要派专门的人送来，三天可以到，或者逢三逢八派来一次，一个月六次。其中不要紧的文书，仍然由驿站发来，那么我们兄弟之间便常通消息了。

信中说辅卿办理厘金很好。现在江西厘务，经手的人都不免官气太重了。除此以外不知还有何人？像辅卿这样的人，能够多几个，厘务一定会有起色，我在批给二李的细文中说："减少多余的官员，增添能干的官员；要收入的钱多，坐着支取钱款的人少。"又说："要努力戒除官气，严格裁削不应开支的费用。"弟弟要嘱咐辅卿两句：没有官气，却有条理。遵此执行，即使当了封疆大吏也不能改变。如有类似辅卿这样的人才，弟弟多推荐几个更好。甲三起程时，温弟媳妇很好，这是后来的状态了。

咸丰十年六月二十八日

致九弟·述告办事好手不多

名师按语

原文

沆弟左右:

接陈东友、蔡东祥、周惠堂禀,知雍家镇于十九日克复。惜日内雨大,难以进兵,若跟踪继进,则裕溪口亦可得手矣。小泉赴粤,取其不开罪于人,①内端方而外圆融。今闻幼丹有出省赴广信之行,小泉万不可赴粤矣。

②丁雨生笔下条畅,少荃求之幕府相助,雨生不甚愿去,恐亦不能至弟处,碍难对少荃也。南坡才大之处,人皆乐为之用,唯年岁太大;且粤湘交涉事多,亦须留南翁在湘,通一切消息。拟派鹤汀(tīng)前往,鹤与劳公素相得,待大江通行后,请南翁来此商办盐务,或更妥洽。

又接弟信,知巢县、含山于一日之内克复,欣慰之至!米可以多解,子药各解三万,唯办事之手,实不可得,容觅得好手,请赴弟处。受山不乐在希帅处,即日当赴左帅大营,亦不便挽留也。

同治元年三月二十四日

①内端方而外圆融:形容处事时里面刚正而外表圆滑。

②曾氏知人善用,根据这些人才的不同特点,取人之长为己所用。

译文

沆弟左右:

接到陈东友、蔡东祥、周惠堂的禀告,知道雍家镇在十九日克复,可惜近日雨大,难以进兵,如果跟踪继续前进,那么裕溪口也可得手了。小泉去广东,我取他不得罪人，人品端正而处事圆滑。今天听说幼丹要出省去广信，那小泉万万不可以去广东了。

丁雨生笔下条理清楚而通畅，少荃求他参与幕府帮忙，他不太愿意，恐怕也不能到弟弟那边，碍着面子不好向少荃交代。南坡才气大，人们都乐意为他驱使，只是年纪太大，而且广东、湖南交涉的事情多，也要留南翁在湖南沟通一切消息。为兄准备派鹤汀去，鹤汀素来和劳公要好，等大江通行以后，请南翁来这里商量办理盐务，或者更妥当。

又接到弟弟的信，知道巢县、含山在一天之内克复，欣慰之至！米可以多解送些，子弹火药各解送三万，只是办事的人手，实在不可多得，希望等我找到好手，再派到弟弟那里。受山不乐意在希帅那里，即日将到左帅大营，也不便挽留。

同治元年三月二十四日

致九弟·宜多选好替手

原文

沅弟左右：

水师攻打金柱关时，若有陆兵三千在彼，当易得手。①保彭杏南，系为弟处分统一军起见。弟军万八千人，总须另有二人②堪为统带者，每人统五六千，弟自统七八千，然后可分可合。

③杏南而外，尚有何人可以分统？亦须早早提拔。办大事者，以多选替手为第一义。满意之选不可得，姑节取其次，以待徐徐教育可也。

名师按语

①保：保举、荐举。

②堪为：胜任。

③发现学有所长的人，因势利导，加以重点长期培养。

同治元年四月十二日

译文

沅弟左右：

　　水师攻打金柱关的时候，如果有陆军三千人在那里，会容易得手。保举彭杏南，是为弟弟那里分统全军起见，弟弟全军共一万八千人，总要另外有两人可以胜任统带的，每人统五六千人，弟弟自己统带七八千人，然后可以分可以合。

　　杏南以外，还有谁可以分统？也要早早地提拔。办大事的人以多选接替的人手为第一要义。满意的人选不到，可以姑且选其次，以待慢慢地教育培养。

同治元年四月十二日

赏析·启示

　　曾国藩，这位大清王朝的"中兴第一汉臣"是选拔任用人才的杰出大师。他非常重视人才的培养和选拔，主张用人应以德才兼备为第一要素，严格考核和任免官吏。曾氏因为任人唯贤，礼贤下士，四方之士慕名而来，门下贤者云集，如李鸿章、左宗棠、薛福成、华蘅芳等人，在19世纪中后期的洋务运动及对外战争中成为中坚力量。甚至连太平天国翼王石达开都激赏曾氏用人之道，他说："（曾国藩）不以善战名，而能识拔贤将，规画精严，无间可寻"。

　　曾国藩识人用人的本事堪称一绝，这得益于他观人细致，积久而形成的经验。他曾经用八个字非常精辟地总结其用人经验：广揽、慎用、勤教（经常教育、训导）、严绳（以严格的制度规范管理人才）。曾国藩以文人带兵，也知道自己的缺点，但他仍然找到一套战胜敌人的办法——发现那些能够成为"根株"和"柱梁"的人才，为其征战沙场、为官从政储备了大量人才。

曾国藩的智慧

厘金

　　中国国内贸易征税制度之一,最初是地方为筹措军饷以镇压太平天国农民起义的方法。1853 年,清政府地方官员首先在扬州的一些地方捐厘助饷,首创厘金。厘金初始税率为值百抽一,1% 为一厘,故称"厘金"。厘金以商品货物为征收对象,多在水陆要道和商业繁盛的城镇设卡征收。19 世纪 50 年代,清政府下令推广厘金税制,厘金遂成为一种固定的税制遍行全国。

知识精练

一、选择题

1.下列词语中加点的字,每对读音都相同的一组是(　　)

A.醇醪/淳厚　星宿/住宿　学校/校对

B.游弋/干戈　茶点/荼毒　粗犷/旷工

C.牲畜/体恤　孝悌/睇视　熟稔/捻眉

D.着实/斟酌　鞭挞/下榻　锁钥/弦乐

2.下列词语中,没有错别字的一组是(　　)

A.瞑目　发帖子　报酬　爱屋及乌

B.白皙　下工夫　梦魇　安居乐业

C.起讫　造事者　煤碳　飞扬跋扈

D.通缉　明信片　贮立　百尺竿头

3.曾国藩凭借哪一部作品赢得"道德文章冠冕一代"的称誉?

A.《颜氏家训》B.《曾国藩家书》C.《李鸿章家训》D.《朱子家训》

4.湘军的组建者是(　　)

A.李鸿章　B.张之洞　C.曾国藩　D.左宗棠

5.下列表述有错误的一项是(　　)

A."即加冠"中"加冠"指男子三十岁时举行的加冠仪式,表示已经成年。

B.《曾国藩家书》记录了曾国藩在清道光三十年至同治三十年前后近30年的从政生涯,近1500封。

C.科举考试中考为殿试一甲第一名者称为状元,乡试第一名称为解元,会试第一名称为会元。

D.古代以干支纪日,天干中甲、丙、戊、庚、壬为五奇,奇日为刚日。

二、翻译题

1.盖士人读书,第一要有志,第二要有识,第三要有恒。

2.学问之道无穷,而总以有恒为主。

3.盖天下之理,满则招损,亢则有悔,日中则昃,月盈则亏,至当不易之理也。

4.凡事皆贵专,求师不专,则受益也不入;求友不专,则博爱而不亲。

三、阅读题

　　雪琴与沅弟嫌隙已深,难遽期其水乳。沅弟所批雪信稿,有是处,亦有未当处。弟谓雪声色俱厉。凡目能见千里,而不能自见其睫,声音笑貌之拒人,每苦于不自见,苦于不自知。雪之厉,雪不自知;沅之声色,恐亦未始不厉,特不自知耳。曾记咸丰七年冬,余咎骆文耆待我之薄,温甫则曰:"兄之面色,每予人以难堪。"又记十一年春,树堂深咎张伴山简傲不敬,余则谓树堂面色亦拒人于千里之外。观此二者,则沅弟面色之厉,得毋似余与树堂之不自觉乎?

　　余家目下鼎盛之际,余忝窃将相,沅所统近二万人,季所统四五千人,近世似此者,曾有几家?沅弟半年以来,七拜君恩,近世似弟者曾有几人?日中则昃,月盈则亏,吾家亦盈时矣。管子云:"斗斛满则人概之,人满则天概之。"余谓天概之无形,仍假手于人以概之。霍氏盈满,魏相概之,宣帝概之;诸葛恪盈满,孙峻概之,吴主概之。待他人之来概而后悔之,则已晚矣。吾家方丰盈之际,不待天之来概、人之来概,吾与诸弟当设法先自概之。

　　自概之道云何?亦不外清、慎、勤三字而已。吾近将清字改为廉字,慎字改为谦字,勤字改为劳字,尤为明浅,确有可下手之处。沅弟昔年于银钱取与之际不甚斟酌,朋辈之讥议菲薄,其根实在于此。去冬之买犁头嘴、栗子山,余亦大不谓然。以后宜不妄取分毫,不寄银回家,不多赠亲族,此廉字工夫也。谦字存诸中者不可知,其著于外者约有四端:曰面色,曰言语,曰书函,曰仆从属员。沅弟一次添招六千人,季弟并未禀明径招三千人,此在他统领所断做不到者,在弟尚能集

事,亦算顺手。而弟等每次来信,索取帐棚子药等件,常多讥讽之词,不平之语。在兄处书函如此,则与别处书函更可知已。沅弟之仆从随员颇有气焰,面色言语与人酬接时吾未及见,而申夫曾述及往年对渠之词气,至今饮憾。以后宜于此四端痛加克治,此谦字工夫也。每日睡之时,默数本日劳心者几件,劳力者几件,则知宣勤王事之处无多,更竭诚以图之,此劳字工夫也。

余以名位太隆,常恐祖宗留贻之福自我一人享尽,故将劳、谦、廉三字时时自惕,亦愿两贤弟之用以自惕,且即以自概耳。

1.下列句子中加点字词的解释,不正确的一项是　　(　　)

A.难遽期其水乳　　　　　　遽期:短期,很快

B.特不自知耳　　　　　　　特:特别

C.斗斛满则人概之　　　　　概:刮平、削平

D.至今饮憾　　　　　　　　饮憾:抱憾而无由陈述

2.下列各组句子中,加点词的意义和用法相同的一组是(　　)

A.凡目能见千里,而不能自见其睫　我腾跃而上

B.兄之面色,每予人以难堪　但以刘日薄西山

C.慎字改为谦字　卒不为宗亲求位

D.常多讥讽之语　夫子之文章,可得而闻也

3.下列四组句子中,不能直接体现曾国藩"修身自惕"的一项是(　　)

A.声音笑貌之拒人,每苦于不自见,苦于不自知。

B.余则谓树堂面色亦拒人于千里之外。

C.余家目下鼎盛之际。

D.宜于此四端痛加克治。

4.下列对原文有关内容的理解与分析,不正确的一项是　　(　　)

A.雪琴和沅弟之所以出现很深的嫌隙,原因在于雪琴声音和脸色都很严厉,表现出拒人于千里之外的态度,而他自己却没有发觉。

B.虽然曾家正处鼎盛之际,但作者居安思危,劝告弟弟们要谦虚谨慎,时时以劳、谦、廉三字自惕。

C.沅弟、季弟擅自招兵;书信来往,索取物资,常多讥讽;仆从随员的面色言语颇为嚣张。所有这些,作者希望能严加克制,在"谦"字上下工夫。

D.作者告诫弟弟们应时刻儆戒,以"廉、谦、劳"自我抑制,以免惹祸上身,贻害子孙。

参考答案

一、选择题

1.D 2.B 3.B 4.C 5.A

二、翻译题

1.士人读书,第一要有志气,第二要有见识,第三要有恒心。

2.探究学问的方法是没有穷尽的,总以有恒为主。

3.天下的道理,太满就会招致损失,位置太高容易遭致败亡,太阳当顶便会西落,月亮圆了就要残缺,这是千古不移的道理。

4.任何事情都贵在专一,求师不专,则受益也很难;求友不专,则大家都亲亲热热却不亲近。

三、阅读题

1.B 2.D 3.C 4.A

美绘版
MEIHUIBAN

图书在版编目(CIP)数据

曾国藩的智慧 / (清) 曾国藩著. -- 杭州: 浙江人
民出版社, 2013.1
(青少年美绘版经典名著书库 / 崔钟雷主编)
ISBN 978-7-213-05205-7

Ⅰ. ①曾… Ⅱ. ①曾… Ⅲ. ①曾国藩 (1811~1872)
– 人生哲学 – 青年读物②曾国藩 (1811~1872) – 人生哲
学 – 少年读物 Ⅳ. ①K827=52

中国版本图书馆 CIP 数据核字 (2012) 第 267062 号

曾国藩的智慧

作 者	(清)曾国藩 著 崔钟雷 编译
丛书策划	钟 雷
丛书主编	崔钟雷
副 主 编	石冬雪 吕延林 王春婷
出版发行	浙江人民出版社
	杭州市体育场路 347 号
	市场部电话: (0571)85061682 85176516
责任编辑	毛江良
装帧设计	稻草人工作室
印 刷	大厂回族自治县正兴印务有限公司
开 本	787 毫米 × 1092 毫米 1/16
印 张	12
字 数	19 万
版 次	2013 年 1 月第 1 版
	2015 年 9 月第 2 次印刷
书 号	ISBN 978-7-213-05205-7
定 价	19.80 元